Le Canada à l'étude

Profil des personnes âgées au Canada

par : J.A. Norland

N⁰ 96-312F au catalogue

Publié par Statistique Canada et Prentice Hall Canada Inc.

Données de catalogage avant publication (Canada)

Norland, J.A.
Profil des personnes âgées au Canada

(Le Canada à l'étude)
CS96-312F
Publié aussi en anglais sous le titre :
Profile of Canada's Seniors

1. Personnes âgées – Canada – Statistiques.
2. Canada – Recensement, 1991.
I. Statistique Canada. II. Titre. III. Collection.

HQ1064.C3N6714 1994   305.26;0971'021   C94-931029-8

Publication autorisée par le ministre
responsable de Statistique Canada

© Ministre de l'Industrie, des Sciences
et de la Technologie, 1994

Tous droits réservés. Il est interdit de reproduire ou de transmettre le contenu de la présente publication, sous quelque forme ou par quelque moyen que ce soit, enregistrement sur support magnétique, reproduction électronique, mécanique, photographique, ou autre, ou de l'emmagasiner dans un système de recouvrement, sans l'autorisation écrite préalable des Services de concession des droits de licence, Division de la commercialisation, Statistique Canada, Ottawa, Ontario, Canada K1A 0T6.

ISBN 0-13-150863-6
Publié par Statistique Canada et Prentice Hall Canada Inc.

Éditeur : Michael Bickerstaff, Prentice Hall Canada Inc.
Gestionnaire de produit : Lorna Bailie, Statistique Canada

1 2 3 4 5   98 97 96 95 94

Imprimé et relié au Canada.

Distribué par :   Prentice Hall Canada Inc.
                  1870 Birchmount Rd.
                  Scarborough, Ontario
                  M1P 2J7

1994
Année internationale
de la famille

Préface

Le Canada à l'étude est une série de publications qui brosse un tableau de la population canadienne par le biais de l'analyse des données recueillies dans le cadre du recensement de la population et du logement de 1991. Chaque publication aborde un thème différent dans une optique démographique, sociale, culturelle et économique.

Les auteurs de cette série ont voulu rendre leurs analyses instructives et faciles à lire. Ils ont eu recours à des graphiques et à des tableaux descriptifs pour mieux illustrer l'information. Les résultats sont souvent comparés à ceux des recensements précédents ce qui met en évidence l'évolution du Canada et des Canadiens.

Les publications sont préparées par des analystes de Statistique Canada qui les font revoir par leurs pairs au Bureau même et par des experts de l'extérieur. Je tiens à remercier tous ceux qui ont contribué à la présente publication, qui est à la fois utile et intéressante.

Je veux aussi témoigner ma reconnaissance aux millions de Canadiens qui ont rempli leur questionnaire le 4 juin 1991. Statistique Canada est très fier de pouvoir diffuser aujourd'hui un tel sommaire des résultats du recensement. J'espère que le lecteur prendra plaisir à lire la présente publication, et les autres de la même série.

Le statisticien en chef du Canada
Ivan P. Fellegi

Table des matières

Faits saillants 1

Introduction 3

Chapitre 1. Taille de la population : combien y a-t-il de personnes âgées? 5

Chapitre 2. Le vieillissement de la population et ses causes 9

Chapitre 3. Structure de la population par âge et par sexe : personnes du «troisième âge» et du «cinquième âge», hommes et femmes 11

    3.1   Composition par âge 11

    3.2   Composition par sexe : les femmes âgées sont plus nombreuses que les hommes âgés 14

    3.3   Les personnes âgées dans l'ensemble de la population canadienne 20

Chapitre 4. État matrimonial : que de veuves! 23

Chapitre 5. Ménages et familles : peu de personnes âgées vivent en établissement institutionnel, beaucoup d'entre elles vivent seules 33

    5.1   Personnes âgées dans les logements collectifs 34

Table des matières (suite)

5.2	Personnes âgées dans les ménages privés	35
5.3	Familles des personnes âgées	38

Chapitre 6. Scolarité et caractéristiques économiques : le revenu des personnes âgées est-il inférieur au revenu moyen des Canadiens? 41

6.1	Scolarité	41
6.2	Activité	44
6.3	Revenu des personnes âgées	46
6.4	Dépenses des personnes âgées	54

Chapitre 7. Les personnes âgées et le logement : la plupart sont propriétaires et sans emprunt hypothécaire 59

Chapitre 8. La santé des personnes âgées : leur espérance de vie est plus longue que jamais 63

8.1	Décès et maladie : espérance de vie, cause de décès, hospitalisations	63
8.2	Incapacité	67
8.3	Qualité de vie	71

Chapitre 9. Répartition géographique et mobilité : où vivent les personnes âgées au Canada? 75

9.1	Proportion de personnes âgées par province	75
9.2	Proportion de personnes âgées selon d'autres régions géographiques	77
9.3	Mobilité des personnes âgées	79

Conclusion 83

Notes 85

Tableaux en annexe 93

Table des matières (suite)

Liste des tableaux

1.1 Certaines données sur la population totale et sur les personnes âgées, Canada, 1901 à 2021 7

3.1 Certaines données sur les personnes âgées et sur les personnes du «cinquième âge», Canada, 1901 à 2021 13

3.2 Taux de mortalité par sexe des personnes âgées, Canada, 1985-1987, et rapports de masculinité par groupe d'âge (données tirées des «populations des tables de mortalité» pour le Canada, 1920-1922 et 1985-1987, et des données du recensement de la population de 1991) 16

3.3 Pourcentage de personnes nées à l'extérieur du Canada et rapport de masculinité selon le lieu de naissance, personnes âgées au Canada, 1921 à 1991 19

4.1 Personnes âgées selon l'âge et le sexe, par état matrimonial, Canada, 1991 .. 24

5.1 Personnes âgées et personnes non âgées selon certaines catégories de personnes membres d'une famille et de personnes hors famille, Canada, 1991 39

6.1 Personnes âgées et personnes non âgées selon : A) le plus haut niveau de scolarité atteint et B) le plus haut grade obtenu, Canada, 1991 42

6.2 Population selon la tranche de revenu en 1990, personnes de 15 ans et plus, de 25 à 64 ans et de 65 ans et plus, Canada, données du recensement de 1991 46

6.3 Population et revenu moyen en 1990 selon l'âge et le sexe, Canada, données du recensement de 1991 48

6.4 Revenu moyen en 1990 des particuliers, des familles et des ménages, personnes âgées par rapport à l'ensemble des personnes, Canada, données du recensement de 1991 54

6.5 Dépenses des ménages selon la catégorie de dépenses, ensemble des ménages et ménages âgés, Canada, 1990 56

7.1 Certaines données sur les coûts d'habitation (1990) pour les ménages âgés et les ménages non âgés, Canada, données du recensement de 1991 ... 61

8.1 Espérance de vie à certains âges selon le sexe, Canada, 1920-1922 à 1989-1991 65

Table des matières (suite)

8.2	Pourcentage de personnes âgées ayant une incapacité qui vivent dans un établissement de soins de santé selon l'âge et le sexe, Canada, 1991	69
8.3	Personnes âgées ayant une incapacité selon l'âge et la gravité de l'incapacité, Canada, 1991	69
8.4	Pourcentage de réponses «positives» et de réponses «négatives» à certaines questions d'auto-évaluation de l'ESG-6 selon le groupe d'âge, Canada, 1991	71
9.1	Pourcentage de personnes âgées et indices selon le groupe d'âge et la province, 1991	76
9.2	Pourcentage de personnes âgées et indices pour certains lieux de résidence, Canada, 1991	78

Table des matières (suite)

Liste des graphiques

1.1	Personnes âgées, Canada, 1851 à 2031 (nombres absolus et pourcentages)	6
3.1	Personnes âgées selon le groupe d'âge pour 100 personnes de 65 ans et plus, Canada, 1881 à 2031	12
3.2	Rapports de masculinité (nombre d'hommes pour 1 000 femmes), personnes âgées au Canada selon le groupe d'âge, 1881 à 2031	15
3.3	Répartition de la population selon l'âge et le sexe, Canada, 1961 et 1991	21
4.1	Taux de mortalité et taux de nuptialité des veuf(ve)s et divorcé(e)s par âge, certains groupes définis selon l'état matrimonial, personnes âgées de 30 à 80 ans, Canada, 1980 à 1982	25
4.2	Certains taux de mortalité et de nuptialité des veuf(ve)s ayant trait à la composition par état matrimonial, personnes âgées, Canada, 1985 à 1987	28
4.3	Répartition en pourcentage des personnes âgées selon l'âge, le sexe et l'état matrimonial, Canada, 1931 à 1991	31
5.1	Nombre de pensionnaires d'établissements de soins spéciaux pour 100 personnes dans certains groupes d'âge-sexe, Canada, 1991	35
5.2	Ménages âgés et ménages non âgés selon la taille du ménage, Canada, 1991	37
5.3	Familles âgées et familles non âgées selon la taille de la famille, Canada, 1991	40
6.1	Population de 25 ans et plus selon l'année d'âge et le plus haut niveau de scolarité atteint, Canada, 1991 (répartition en pourcentage cumulée)	43
6.2	Taux d'activité selon l'âge et le sexe, Canada, 1991	44
6.3	Revenu moyen en 1990 selon le sexe, l'activité et le niveau de scolarité, personnes de 25 à 64 ans et de 65 ans et plus, Canada, données du recensement de 1991	50
6.4	Composantes du revenu total en 1990, certains groupes de personnes selon l'âge et le sexe, Canada, données du recensement de 1991 (par 100 $ de revenu total)	52
8.1	Taux d'incapacité par âge, Canada, 1991	68
9.1	Population selon la mobilité (cinq ans auparavant) et l'âge, Canada, 1991	80

Table des matières (fin)

Liste des tableaux en annexe

A3.1 Personnes âgées selon le groupe d'âge, nombres absolus et répartition en pourcentage, Canada, 1881 à 2031 95

A3.2 Rapports de masculinité (nombre d'hommes pour 1 000 femmes), personnes âgées selon le groupe d'âge, Canada, 1881 à 2031 97

A5.1 Pensionnaires et membres du personnel dans les logements collectifs selon le sexe, tous les groupes d'âge et personnes âgées selon le groupe d'âge, Canada, 1991 98

A5.2 Ménages, personnes de tous les groupes d'âge et personnes âgées selon la taille du ménage, ménages âgés et ménages non âgés, Canada, 1991 101

A5.3 Ménages âgés et ménages non âgés selon le genre de ménage, Canada, 1991 103

A5.4 Familles, personnes de tous les groupes d'âge et personnes âgées selon la situation de la personne âgée dans la famille, Canada, 1991 105

A5.5 Familles, personnes de tous les groupes d'âge et personnes âgées selon la taille de la famille, familles âgées et familles non âgées, Canada, 1991 107

A5.6 Familles, personnes de tous les groupes d'âge et personnes âgées selon la structure de la famille, familles âgées et familles non âgées, Canada, 1991 .. 109

A6.1 Taux d'activité selon le sexe et l'âge, personnes de 15 ans et plus et personnes de 45 ans et plus, Canada, 1991 111

A6.2 Travail en 1990 selon le sexe et l'âge, personnes de 15 ans et plus et personnes de 45 ans et plus, Canada, données du recensement de 1991 113

A6.3 Population et revenu moyen selon le sexe, l'activité et le niveau de scolarité, personnes âgées et personnes de 25 à 64 ans, Canada, recensement de 1991 115

A8.1 Principales causes de décès selon le sexe, population totale et personnes âgées, par groupe d'âge, Canada, 1989 117

A8.2 Jours d'hospitalisation selon le sexe, population totale et personnes âgées, par groupe d'âge, certaines causes, Canada, 1989 à 1990 119

Faits saillants

- Au recensement de 1991, on a dénombré plus de personnes âgées que jamais auparavant. Les personnes âgées représentaient 11,6 % de la population du Canada (3,2 millions de personnes) et on prévoit qu'en 2031 la proportion de personnes âgées dépassera 20 % (plus de 8 millions).

- Environ 60 % des personnes âgées (1,9 million de personnes) étaient âgées de 65 à 74 ans, 31 % (1,0 million) avaient de 75 à 84 ans et 9 % (283 000) avaient 85 ans et plus. On prévoit qu'au recensement de 2011, 14 % des personnes âgées au Canada auront 85 ans et plus.

- En 1991, les femmes formaient 58 % de la population des personnes âgées au Canada et les hommes 42 %, ce qui se traduit par un rapport de masculinité de 723 hommes pour 1 000 femmes.

- La plupart des personnes âgées étaient soit mariées (57 %), soit veuves (33 %); les proportions de personnes âgées célibataires (7 %) ou divorcées (3 %) étaient faibles.

- La proportion de veuves chez les femmes âgées est très élevée. Dans le groupe d'âge des personnes de 65 ans et plus, presque une femme sur deux est veuve; pour le groupe d'âge de 85 ans et plus, la proportion s'approche de quatre femmes sur cinq.

- En 1991, une petite partie seulement des personnes âgées étaient pensionnaires d'un établissement institutionnel. Environ 66 000 hommes âgés (5 %) et 160 000 femmes âgées (9 %) vivaient dans des logements collectifs, principalement des établissements de soins spéciaux et des hôpitaux ou autres établissements similaires.

- Le revenu moyen des hommes de 65 ans et plus se chiffrait à 24 500 $, soit 19 % de moins que le revenu moyen de 30 200 $ des hommes de 15 ans et plus vivant dans des ménages privés. Les femmes âgées de 65 ans et plus ont touché un revenu moyen de 15 300 $, ce qui est inférieur de 13 % au revenu moyen de 17 600 $ des femmes âgées de 15 ans et plus dans les ménages privés.

- Les prestations de régimes de retraite publics constituent la principale source de revenu des personnes âgées, représentant plus de 40 % de leur revenu total, suivies des revenus de placements qui représentent 23 % du revenu total.

- Pour chaque dollar dépensé par les ménages âgés (c'est-à-dire les ménages comptant au moins une personne âgée), 21 cents, étaient consacrés aux coûts d'habitation, 17 aux impôts personnels, 14 à la nourriture, 11 aux dons et contributions, et 10 au transport.

- Plus de la moitié des ménages âgés (56 %) étaient propriétaires d'un logement non grevé d'une hypothèque, comparativement à moins du quart (23 %) des ménages non âgés.

- Les maladies de l'appareil circulatoire constituaient la principale cause d'hospitalisation; elles comptaient pour 28 % des jours d'hospitalisation des hommes âgés et pour 27 % des jours d'hospitalisation des femmes âgées.

Introduction

L'accroissement du nombre de personnes âgées au Canada a une incidence certaine sur les décisions prises par les administrations publiques, les entreprises et les particuliers. Les gouvernements, à tous les paliers, doivent fournir des services et un soutien à une population croissante de personnes âgées et cela à un moment où les fonds publics se raréfient. Les entreprises prennent conscience qu'une forte population de personnes âgées, en nombre toujours croissant, représente un marché potentiel intéressant. Par ailleurs, les particuliers qui préparent leur retraite se demandent si, à l'avenir, les cohortes relativement petites de Canadiens occupés pourront assumer les coûts des programmes sociaux et médicaux au pays.

Les répercussions du «vieillissement» de la population du Canada font l'objet de débats depuis plusieurs décennies. Dès 1963 (lorsque l'effectif de personnes âgées au Canada correspondait à moins de la moitié du chiffre actuel), le **Comité spécial d'enquête sur la gérontologie**, mis sur pied par le Sénat, a tenu des audiences sur le sujet. De nos jours, on constate un intérêt croissant pour cette question, manifesté notamment par la mise sur pied par le gouvernement fédéral de deux organismes s'occupant uniquement de dossiers relatifs aux personnes âgées au Canada : **le Conseil consultatif national sur le troisième âge** (établi en 1980) et le **Secrétariat du Troisième âge** (1987). Pour répondre à cet intérêt croissant, Statistique Canada a réalisé plusieurs enquêtes et études, notamment **l'Enquête nationale sur le vieillissement et l'autonomie** (1991)[1], et a produit régulièrement une publication postcensitaire sur le sujet pour le profane depuis le recensement de 1976. Le présent rapport constitue la publication pour le recensement de 1991[2].

Le présent rapport a pour objet d'esquisser un **profil démographique** récent des Canadiens âgés de 65 ans et plus. Qu'est-ce qu'un «profil démographique»? La **démographie** est une science qui étudie la taille, la composition et la répartition des populations. Un profil démographique, qui traite ces caractéristiques, permet d'examiner l'état actuel d'une population de même que les tendances dans le passé, les tendances projetées et les facteurs déterminants de ces tendances : naissances, décès, migration, etc.

Les chapitres 1 et 2 traitent de la **taille de la population** et abordent aussi la question générale du vieillissement de la population et les facteurs déterminants de celui-ci. L'analyse de la question met en évidence le fait que la population de personnes âgées au Canada connaît une croissance beaucoup plus rapide que l'ensemble de la population.

Dans les chapitres 3 à 7, nous examinons la **composition de la population** selon certaines variables comme l'âge, le sexe, l'état matrimonial, le revenu et l'activité. Ces sections effleurent des sujets essentiels à la compréhension de la population âgée, notamment le revenu, le travail et la retraite ainsi que le logement. Dans le chapitre 8, nous traitons d'une autre question fondamentale : la santé des personnes âgées.

Le chapitre 9 passe en revue la **répartition de la population**, notamment les différences dans les proportions de personnes âgées selon la province et selon de plus petites régions géographiques; ce sujet intéresse particulièrement les administrations provinciales et municipales auxquelles il incombe de fournir certains services aux personnes âgées. Le chapitre 9 traite aussi de la mobilité géographique et de la migration chez les personnes âgées.

En raison de l'espace limité, plusieurs sujets importants sont traités fort brièvement ou ne sont pas abordés du tout. Les sujets non traités comprennent notamment : le transport; l'emploi du temps, les loisirs et le tourisme; la solitude et les réseaux sociaux; les activités bénévoles réalisées par les personnes âgées ou visant les personnes âgées; la sécurité; les crimes dont sont victimes les personnes âgées; l'origine ethnique et la religion. On peut toutefois se procurer des données sur la plupart de ces sujets à Statistique Canada.

Pour garder au présent rapport sa clarté, nous avons choisi de ne pas traiter de détails méthodologiques et techniques qui figurent habituellement dans les études démographiques. De plus, pour la même raison, nous avons réduit au minimum le nombre, la taille et la complexité des tableaux explicatifs. Les renvois et l'annexe ont été inclus, toutefois, pour informer les lecteurs intéressés par la méthodologie, les sources de données et les tableaux supplémentaires.

Chapitre 1

Taille de la population : combien y a-t-il de personnes âgées?

La taille de la population représente la caractéristique démographique la plus fondamentale. Nous commençons donc par examiner les deux questions suivantes : (i) Combien de personnes âgées ont été dénombrées au recensement de 1991 et quel pourcentage de la population totale représentent-elles? (ii) Comment les chiffres de 1991 se comparent-ils avec ceux des recensements précédents et avec les projections démographiques des décennies à venir?

Au recensement de 1991, on a dénombré près de 3,2 millions de personnes âgées, ce qui représente 11,6 % de la population totale du Canada, chiffrée à 27,3 millions de personnes **(graphique 1.1 et tableau 1.1).**

Depuis 1851, tant le nombre absolu que le pourcentage des personnes âgées ont augmenté constamment, les chiffres du recensement de 1991 étant les plus élevés jamais enregistrés au Canada lors d'un recensement. Jusqu'au recensement de 1921, le **nombre** de personnes âgées se situait bien en deçà d'un demi-million, et leur **proportion** dans la population totale se maintenait à ou sous 5 %. Entre les recensements de 1921 et de 1951, le nombre de personnes âgées s'est accru pour dépasser le million et leur pourcentage est passé de 4,8 % à 7,8 %. De 1951 à 1971, le nombre absolu de personnes âgées a enregistré une nouvelle hausse, pour dépasser le 1,5 million, mais grâce au baby-boom qu'a connu le Canada, les personnes ne faisant pas partie de la population âgée ont vu leur nombre s'accroître considérablement de sorte que la proportion de personnes âgées est demeurée presque inchangée (7,8 % en 1951 et 8,1 % en 1971). Les données des recensements de 1981 et de 1991 indiquent toutefois une reprise de la tendance passée; le pourcentage de personnes âgées s'est accru rapidement pour atteindre 9,7 % (2,4 millions de personnes âgées) en 1981, puis 11,6 % (3,2 millions) en 1991. D'autres augmentations en flèche sont projetées; ainsi, on prévoit qu'en 2031 les personnes âgées représenteront plus de 20 % (plus de 8 millions) de la population totale.

La proportion de personnes âgées augmente d'un recensement à l'autre parce que leur effectif s'accroît plus rapidement que celui de la population totale. Ainsi, entre 1961 et 1991, le nombre de personnes âgées s'est accru de 128 % alors que l'ensemble de la population n'a augmenté que de 50 %. Cet écart entre les taux d'accroissement se traduit par l'augmentation de la proportion des personnes âgées, de 7,6 % en 1961 à 11,6 % en 1991 **(tableau 1.1, lignes 2, 4 et 6).**

Statistique Canada – n° 96-312 F au catalogue
Profil des personnes âgées au Canada

Ayant observé que le nombre et la proportion des personnes âgées augmentent rapidement, nous pouvons nous poser les questions suivantes : «Le **taux d'accroissement des personnes âgées lui-même** a-t-il changé dans le temps?» «Le taux d'accroissement de la population totale a-t-il changé aussi?» «Comment ces changements se comparent-ils entre eux?»

Graphique 1.1
Personnes âgées, Canada, 1851 à 2031 (nombres absolus et pourcentages)

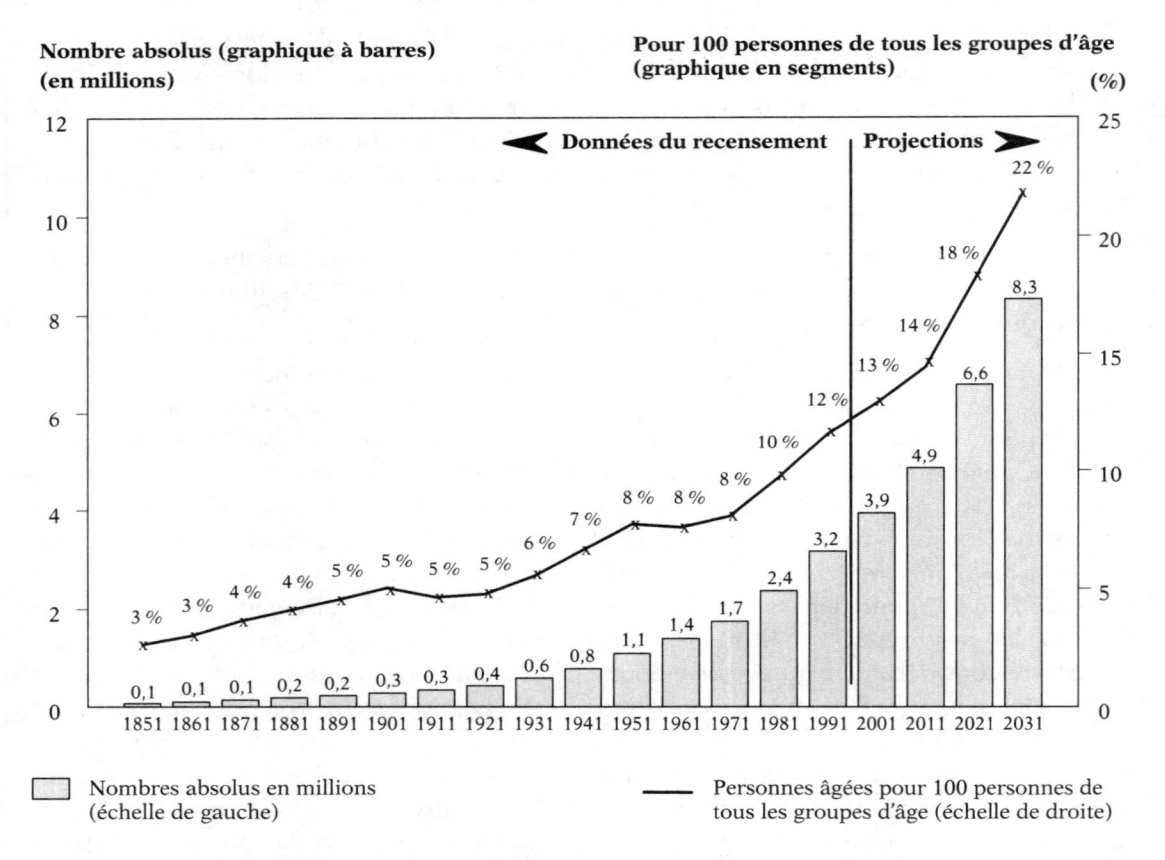

Nombre absolus (graphique à barres) (en millions)

Pour 100 personnes de tous les groupes d'âge (graphique en segments) (%)

◄ Données du recensement | Projections ►

Année	Nombres absolus (millions)	%
1851	0,1	3 %
1861	0,1	3 %
1871	0,1	4 %
1881	0,2	4 %
1891	0,2	5 %
1901	0,3	5 %
1911	0,3	5 %
1921	0,4	5 %
1931	0,6	6 %
1941	0,8	7 %
1951	1,1	8 %
1961	1,4	8 %
1971	1,7	8 %
1981	2,4	10 %
1991	3,2	12 %
2001	3,9	13 %
2011	4,9	14 %
2021	6,6	18 %
2031	8,3	22 %

☐ Nombres absolus en millions (échelle de gauche)

── Personnes âgées pour 100 personnes de tous les groupes d'âge (échelle de droite)

Sources : 1851-1971 – Norland, J.A., *La composition par âge et par sexe de la population du Canada*, Ottawa, Statistique Canada, 1976, n° 99-703 au catalogue.

1981-1991 – Statistique Canada, Recensement du Canada de 1991, *Âge, sexe et état matrimonial*, Ottawa, ISTC, 1992, n° 93-310 au catalogue.

Projections – Statistique Canada, *Projections démographiques, 1990-2011*, Ottawa, Statistique Canada, Division de la démographie, 1991.

Tableau 1.1
Certaines données sur la population totale et sur les personnes âgées, Canada, 1901 à 2021

	1901	1931	1961	1991	2021
1. Population totale, en milliers	5 371	10 377	18 238	27 297	36 206
2. Rapport – période de 30 ans		1,93	1,76	1,50	1,33
3. Personnes âgées, en milliers	271	576	1 391	3 170	6 579
4. Rapport – période de 30 ans		2,12	2,41	2,28	2,08
5. Ligne (4) / ligne (2)		1,10	1,37	1,52	1,56
6. Pourcentage des personnes âgées, ligne (3) / ligne (1)	5,0 %	5,6 %	7,6 %	11,6 %	18,2 %
7. Différence – période de 30 ans		0,5 %	2,1 %	4,0 %	6,6 %

Nota: Le présent tableau et tous les tableaux qui suivent présentent des chiffres arrondis. Cependant, les pourcentages et les taux qu'ils renferment sont basés sur les chiffres non arrondis. Par exemple, le chiffre 0,5 % de la ligne 7 ne correspond pas à la différence entre les chiffres arrondis 5,6 % et 5,0 % figurant à la ligne 6, mais plustôt à la différence entre les chiffres non arrondis 5,552 % et 5,049 %.

Sources : 1901-1911 – Canada, B.F.S., ***Recensement du Canada de 1941, vol. I***, Ottawa, Imprimeur du Roi, 1946.

1931-1991 – Statistique Canada, Recensement du Canada de 1991, ***Âge, sexe et état matrimonial***, Ottawa, ISTC, 1992, n° 93-310 au catalogue.

Projections – Statistique Canada, ***Projections démographiques, 1990-2011***, Ottawa, Statistique Canada, Division de la démographie, 1991.

Depuis 1931, le taux d'accroissement de la population des personnes âgées a ralenti quelque peu; on prévoit que cette tendance se maintiendra jusqu'au siècle prochain. Ainsi, la population âgée s'est multipliée par un facteur de 2,41 entre 1931 et 1961 et par un facteur de 2,28 entre 1961 et 1991, et on projette un facteur de 2,08 entre 1991 et 2021. Toutefois, le taux d'accroissement de la population totale a ralenti encore davantage. En conséquence, entre 1931 et 1961, le pourcentage de personnes âgées a augmenté de deux points (de 5,6 % à 7,6 %); entre 1961 et 1991, il s'est accru de 4 points (de 7,6 % à 11,6 %) et on prévoit qu'il augmentera de plus de 6 points entre 1991 et 2021 (de 11,6 % à 18,2 %). Ainsi, comme la croissance de l'ensemble de la population ralentit beaucoup plus que la croissance de la population âgée, l'augmentation de la **proportion de personnes âgées dans la population totale s'accroit (tableau 1.1, lignes 5 à 7).**

En résumé, nous avons cerné deux tendances distinctes. Premièrement, la population âgée et la population totale ont toutes les deux vu leur effectif s'accroître dans le temps, mais la population âgée s'est accrue plus rapidement. En conséquence, **la proportion de personnes âgées dans la population** a progressé également. Deuxièmement, **le taux d'accroissement ralentit** tant pour les personnes âgées que pour la population totale. Toutefois, le ralentissement est plus marqué dans le cas de la population totale, de sorte que **l'accroissement en points du pourcentage de personnes âgées de 65 ans et plus** s'accélère d'une période à l'autre[1].

Chapitre 2

Le vieillissement de la population et ses causes

L'accroissement de la proportion des personnes âgées est souvent appelé «vieillissement de la population». Nous avons démontré, dans le chapitre 1, que cet accroissement se produit parce que la population âgée augmente plus rapidement que la population totale. Dans le chapitre 2, nous examinons les tendances démographiques qui sont à l'origine de cette augmentation différentielle au Canada. Un examen détaillé de la question dépasse les limites de ce document; nous en présentons néanmoins les principaux éléments ci-après[1].

Le déclin des taux de natalité constitue un facteur important du vieillissement de la population parce qu'il entraîne une réduction de la proportion de personnes ne faisant pas partie de la population âgée. Les taux de natalité au Canada ont baissé au cours de la plus grande partie de ce siècle (sauf durant la période du baby-boom, de 1946 à 1966). Un examen du taux brut de natalité (naissances annuelles pour 1 000 personnes au milieu de l'année) permet d'illustrer ce déclin. Entre 1891 et 1921, le taux brut de natalité fluctuait autour de 30 naissances pour 1 000 personnes. Les taux ont ensuite commencé à chuter graduellement jusqu'au niveau actuel de 15 pour 1 000, sauf au cours de la période du baby-boom, où la tendance s'est renversée temporairement[2].

La migration (immigration et émigration) peut également influer sur le vieillissement de la population[3]. À court terme, l'immigration au Canada a généralement contré le vieillissement de la population parce que la population des immigrants est habituellement assez jeune, comparativement à la population générale. Ainsi, entre 1951 et 1991, les personnes âgées représentaient à peine 3 % de la population immigrante, alors que dans la population d'accueil la proportion de personnes âgées a varié de 7,8 % en 1951 à 11,6 % en 1991[4]. De même, selon les données des recensements du Canada, les immigrants arrivés au Canada au cours de la décennie précédant chacun de ces recensements étaient plutôt jeunes. Par exemple, au recensement de 1991, la population des immigrants dénombrés arrivés depuis 1981 ne comptait que 5,9 % de personnes âgées, comparativement à 11,6 % dans la population totale[5].

À long terme, toutefois, l'immigration peut avoir divers effets. Si, par exemple, de grandes vagues d'immigrants sont suivies par de plus petites, les immigrants des premières vagues pourront accentuer le processus de vieillissement au moment où ils atteignent 65 ans. En 1951, par exemple, 19,2 % des citoyens canadiens nés à l'extérieur du pays étaient âgés de 65 ans et plus, comparativement à 5,8 % des Canadiens de naissance; de même, en

1991, les proportions étaient de 17,5 % contre 9,6 %. Cette différence entre les personnes nées à l'extérieur du pays et les Canadiens de naissance est caractéristique de la période s'étendant de 1941 à 1991. En revanche, dans les périodes antérieures, les proportions de personnes âgées affichées par les Canadiens nés à l'extérieur du pays et les Canadiens de naissance ne différaient que de très peu : par exemple, au recensement de 1931, 6,7 % contre 5,2 %[6].

Le vieillissement de la population peut découler également des tendances relatives à la mortalité. Par exemple, une augmentation de l'espérance de vie à 65 ans serait susceptible d'accroître la proportion de personnes âgées dans la population totale. Depuis le début des années 1920, l'espérance de vie à l'âge de 65 ans au Canada a grimpé de 13 ans (en 1920-1922) à 17 ans (en 1985-1987), la plupart des gains ayant été réalisés depuis le début des années 1950[7].

Pour montrer comment la structure par âge est influencée par les changements relatifs à la mortalité seulement (c'est-à-dire sans tenir compte des changements dans les taux de natalité et dans la migration), les démographes utilisent le modèle théorique connu sous le nom de «population des tables de mortalité». Pour des taux de mortalité par âge donnés, ce modèle montre la structure de la population par âge résultante selon certaines hypothèses[8]. Lorsqu'on applique ce modèle aux taux de mortalité en cours au Canada en 1920-1922 et en 1985-1987, on constate que la proportion théorique des personnes âgées est de 13 % et de 18,5 % respectivement. Ces chiffres confirment que l'augmentation de l'espérance de vie, comme celle qu'a connue le Canada au cours de ce siècle, est de fait un facteur de vieillissement de la population.

Comment se compare la proportion de personnes âgées du Canada avec les données à l'échelle internationale? En 1990, l'Organisation des Nations Unies estimait à 6,2 % le pourcentage des personnes âgées dans le monde, soit bien au-dessous du chiffre de 11,6 % au Canada. Dans les «régions moins développées», le pourcentage estimé de personnes âgées était de 4,5 %; le Brésil, qui compte 4,7 % de personnes âgées, en est un exemple type. Dans les «régions plus développées», le pourcentage estimé de personnes âgées atteignait 12,1 %, soit un peu plus qu'au Canada; le Royaume-Uni et les États-Unis en sont des exemples, avec des pourcentages respectifs de 15,4 % et de 12,6 %. L'écart entre les proportions affichées par les «régions moins développées» et les «régions plus développées» souligne l'importance du rôle des taux de natalité comme facteur déterminant de la structure par âge[9] de la population.

Chapitre 3

Structure de la population par âge et par sexe : personnes du «troisième âge» et du «cinquième âge», hommes et femmes

Dans toute étude démographique, il importe d'examiner la structure par âge et par sexe de la population. Dans le cas des Canadiens âgés, une telle analyse est particulièrement importante parce que les besoins en matière de produits et de services varient selon l'âge et le sexe des personnes âgées. En 1991, par exemple, seulement 1,4 % des hommes âgés de 65 à 74 ans vivaient dans un établissement de soins spéciaux, alors que 36,3 % des femmes âgées de 85 ans et plus étaient pensionnaires d'un tel établissement (pour de plus amples détails, se reporter à la **section 5.1** et au **graphique 5.1**).

3.1 Composition par âge

Les personnes âgées peuvent être réparties en trois sous-groupes : les personnes de 65 à 74 ans («troisième âge»), les personnes de 75 à 84 ans («quatrième âge») et les personnes de 85 ans et plus («cinquième âge»). Sauf indication contraire, **les pourcentages ou proportions présentés dans le texte qui suit sont calculés par rapport à l'ensemble des personnes âgées et non par rapport à la population totale du Canada.**

Au recensement de 1991, des 3,2 millions de personnes âgées dénombrées au Canada, 1,9 million étaient âgées de 65 à 74 ans (60 % de l'ensemble des personnes âgées), 1,0 million de 75 à 84 ans (31 %) et 283 000 personnes de 85 ans et plus (9 %) (**graphique 3.1** et **tableau A3.1 en annexe**). Examinons maintenant ces chiffres dans une perspective historique.

Graphique 3.1
Personnes âgées selon le groupe d'âge pour 100 personnes de 65 ans et plus, Canada, 1881 à 2031

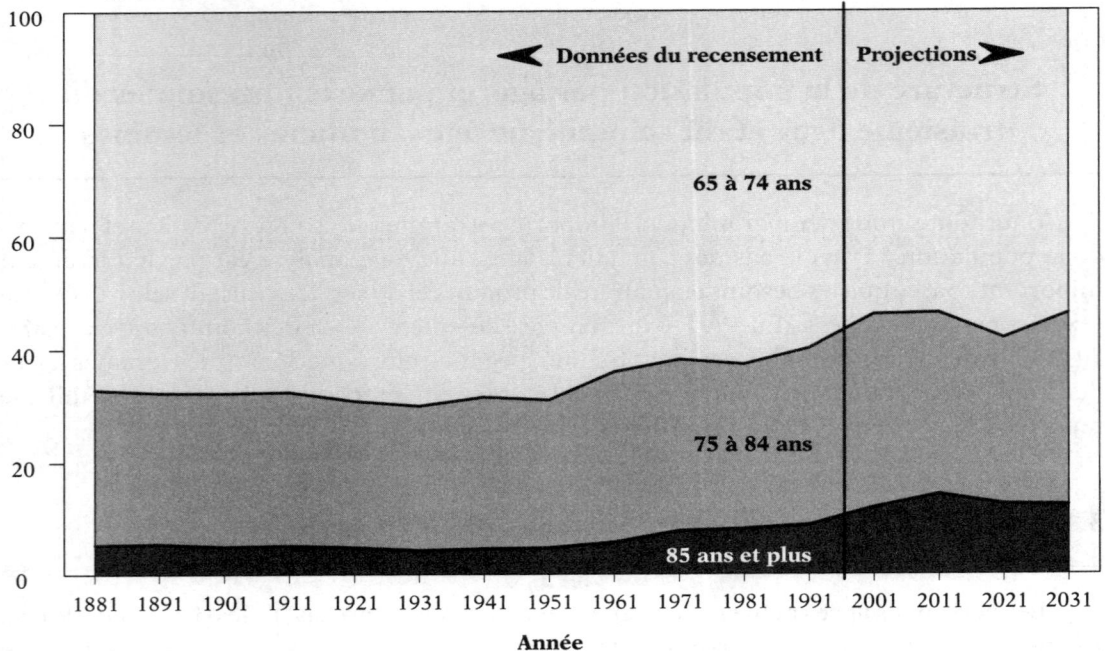

Pour 100 personnes de 65 ans et plus

[Graphique en aires empilées montrant les proportions des groupes d'âge 65 à 74 ans, 75 à 84 ans, et 85 ans et plus, avec données du recensement de 1881 à 1991 et projections de 1991 à 2031]

Année

Sources : 1881-1911 – Canada, B.F.S., ***Recensement du Canada de 1941, Vol. I***, Ottawa, Imprimeur du Roi, 1946.

1921-1991 – Statistique Canada, Recensement du Canada de 1991, ***Âge, sexe et état matrimonial***, Ottawa, ISTC, 1992, n° 93-310 au catalogue.

Projections – Statistique Canada, ***Projections démographiques, 1990-2011***, Ottawa, Statistique Canada, Division de la démographie, 1991.

Au cours de la période allant de 1881 à 1951, les proportions des personnes âgées des trois groupes de personnes âgées ont fluctué à l'intérieur d'un intervalle assez étroit, sans qu'aucune tendance se démarque. Depuis 1951, toutefois, le nombre de personnes du troisième âge pour 1 000 personnes âgées a décru dans l'ensemble, alors que les personnes du quatrième âge et surtout celles du cinquième âge ont vu leur effectif s'accroître. Entre 1961 et 1991, par exemple, le pourcentage de personnes du troisième âge a baissé de 64 % à 60 %; en revanche, celui des personnes du quatrième âge est passé de 30 % à 31 %, alors que le pourcentage des personnes du cinquième âge a grimpé de 6 % à 9 %. En fait, la proportion de personnes du troisième âge en 1991 est la plus faible jamais enregistrée dans le cadre des recensements du Canada, alors que les proportions de personnes du quatrième âge et de personnes du cinquième âge sont les plus fortes jamais observées. On prévoit que cette tendance générale se maintiendra au cours des deux prochaines décennies; selon la projection pour 2011, 14 % des Canadiens âgés auront alors 85 ans et plus.

La proportion de Canadiens du cinquième âge a augmenté dans le temps parce que leur effectif s'est accru plus rapidement que l'effectif de l'ensemble des personnes âgées; c'est également le cas, quoique dans une moindre mesure, pour les personnes du quatrième âge. Entre 1961 et 1991, par exemple, la population des personnes de 85 ans et plus s'est multipliée par un facteur de 3,5, contre un facteur de 2,3 seulement pour l'ensemble des personnes âgées **(tableau 3.1, lignes 2, 4 et 5)**.

Tableau 3.1
Certaines données sur les personnes âgées et sur les personnes du «cinquième âge», Canada, 1901 à 2021

	1901	1931	1961	1991	2021
1. Ensemble des personnes âgées (en milliers)	271,2	576,1	1 391,2	3 170,0	6 578,3
2. Rapport – période de 30 ans		2,12	2,41	2,28	2,08
3. Personnes âgées de 85 ans et plus (en milliers)	13,8	25,3	80,8	283,3	829,1
4. Rapport – période de 30 ans		1,84	3,19	3,51	2,93
5. Ligne (4) / ligne (2)		0,86	1,32	1,54	1,41
6. Personnes âgées de 85 ans et plus pour 100 personnes âgées de 65 ans et plus = ligne (3) / ligne (1)	5,1 %	4,4 %	5,8 %	8,9 %	12,6 %
7. Différence – période de 30 ans		-0,7 %	1,4 %	3,1 %	3,7 %

Sources : 1901-1911 – Canada, B.F.S., **Recensement du Canada de 1941, Vol. I**, Ottawa, Imprimeur du Roi, 1946.
1921-1991 – Statistique Canada, Recensement du Canada de 1991, **Âge, sexe et état matrimonial**, Ottawa, ISTC, 1992, n° 93-310 au catalogue.
Projections – Statistique Canada, **Projections démographiques, 1990-2011**, Ottawa, Statistique Canada, Division de la démographie, 1991.

Il faut prendre note que le rythme d'accroissement de la proportion des personnes du cinquième âge s'accélère. Ainsi, de 1931 à 1961, leur proportion a augmenté de 1,4 point (de 4,4 % à 5,8 %); de 1961 à 1991, elle a progressé de 3,1 points (de 5,8 % à 8,9 %) et on prévoit que de 1991 à 2021 elle augmentera de 3,7 points (de 8,9 % à 12,6 %) **(tableau 3.1, lignes 6 et 7)**.

Une importante conclusion se dégage de ces données : c'est non seulement l'ensemble de la population du Canada qui vieillit **(chapitre 2)**, mais également la population âgée elle-même.

3.2 Composition par sexe : les femmes âgées sont plus nombreuses que les hommes âgés

Selon les données du recensement de 1991, la population canadienne âgée était formée à 58 % de femmes et à 42 % d'hommes; cela se traduit par un rapport de masculinité de 723 hommes pour 1 000 femmes **(graphique 3.2 et tableau A3.2 en annexe)**. Pour situer cette observation en contexte, notons que le rapport de masculinité pour l'ensemble de la population canadienne est de 972 hommes pour 1 000 femmes. On observe, par ailleurs, une baisse marquée du rapport de masculinité d'un groupe d'âge de personnes âgées au suivant. Ainsi, en 1991, il y avait 816 hommes pour 1 000 femmes dans le groupe d'âge de 65 à 74 ans, contre seulement 438 pour 1 000 dans le groupe d'âge de 85 ans et plus; ce dernier chiffre signifie que 70 % des personnes âgées de 85 ans et plus au Canada sont des femmes. La tendance à la baisse des rapports de masculinité avec l'âge s'observe aussi pour les autres années présentées dans le graphique 3.2.

Graphique 3.2
Rapports de masculinité (nombre d'hommes pour 1 000 femmes), personnes âgées au Canada selon le groupe d'âge, 1881 à 2031

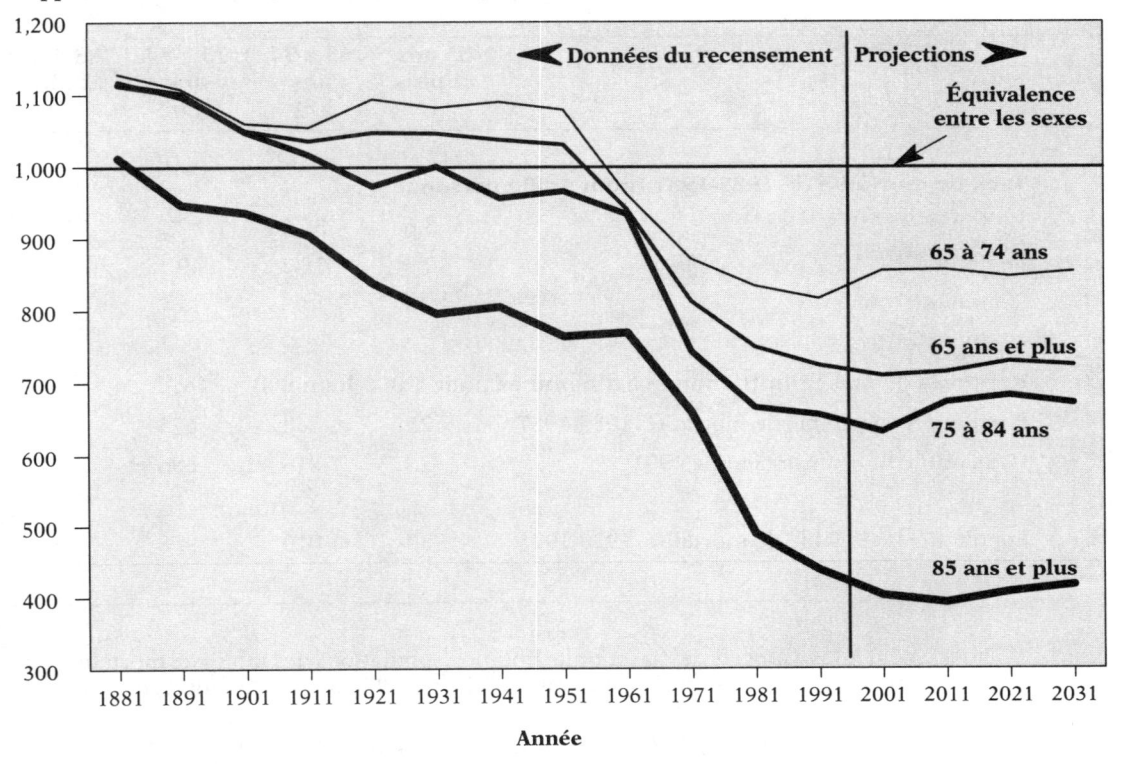

Rapport de masculinité (nombre d'hommes pour 1 000 femmes)

Source : Les mêmes que pour le graphique 3.1.

La baisse constante des rapports de masculinité avec l'âge est surtout attribuable à l'écart entre les taux de mortalité selon le sexe. Au Canada, comme dans d'autres pays développés, les hommes affichent des taux de mortalité plus élevés que les femmes quel que soit leur groupe d'âge. Par exemple, le taux de mortalité de 1985-1987 des Canadiens pour le groupe d'âge de 65 à 74 ans était presque le double de celui des Canadiennes du même groupe d'âge, 35,6 décès comparativement à 18,2 pour 1 000 personnes **(tableau 3.2, lignes 1 à 3).**

Tableau 3.2
Taux de mortalité par sexe des personnes âgées, Canada, 1985-1987, et rapports de masculinité par groupe d'âge (données tirées des «populations des tables de mortalité» pour le Canada, 1920-1922 et 1985-1987, et des données du recensement de la population de 1991)

		65 ans et plus (1)	65 à 74 ans (2)	75 à 84 ans (3)	85 ans et plus (4)
	Taux de mortalité de 1985-1987 (pour 1 000 personnes) :				
1	Hommes	58,6	35,6	82,2	192,7
2	Femmes	40,9	18,2	49,1	145,6
3	Hommes/femmes	1,43	1,95	1,67	1,32
	Rapports de masculinité (nombre d'hommes pour 1 000 femmes) :				
4	Population de la table de mortalité, 1985-1987	725	868	675	420
5	Population du recensement de 1991	723	816	656	438
6	Population de la table de mortalité, 1920-1922	982	1 010	958	850

Nota : Pour calculer les rapports de masculinité pour les populations des tables de mortalité, on a posé comme hypothèse un rapport de masculinité de 1 056,5 à la naissance, soit le rapport observé au Canada entre 1931 et 1971.

Le Québec n'est pas inclus dans les tables de mortalité de 1920-1922.

Sources : Données sur les tables de mortalité de 1920-1922 (ligne 6) – Nagnur, D., ***Longévité et tables de mortalité chronologiques (abrégées) 1921-1981***, : Canada et provinces, Ottawa, ASC, 1986, n° 89-506 au catalogue.

Données sur les tables de mortalité de 1985-1987 (ligne 4) - Statistique Canada, CCIS, tables de mortalité abrégées de 1986 non publiées.

Données du recensement (ligne 5 et dénominateur des lignes 1 à 3) - Statistique Canada, Recensement du Canada de 1991, ***Âge, sexe et état matrimonial***, Ottawa, ISTC, 1992, n° 93-310 au catalogue, tableau 1.

Données sur la mortalité pour le calcul des taux de mortalité (numérateur pour les lignes 1 à 3) – ***La statistique de l'état civil, rapports de 1985 et 1986*** (rapports annuels), n° 84-204 au catalogue; Statistique Canada-CCIS, ***Rapports sur la santé***, n° 82-003 au catalogue, suppl. n° 15, tableau 3 (pour les données de 1987).

Pour montrer l'effet de la mortalité différentielle selon le sexe sur le rapport de masculinité, reportons-nous de nouveau à la «population de la table de mortalité» **(chapitre 2)**. Au départ, il naît un peu plus de garçons que de filles. Au Canada, par exemple, entre 1931 et 1971, le rapport de masculinité chez les nouveaux-nés s'établissait en moyenne à 1 056,5 garçons pour 1 000 filles[1]. Comme les taux de mortalité par âge sont plus élevés pour les hommes que pour les femmes, on s'attendrait à ce que le rapport de masculinité baisse d'un groupe d'âge au suivant. De fait, une «population de table de mortalité» dont le rapport de masculinité est de 1 056,5 à la naissance et qui est sujette aux taux de mortalité de 1985-1987 au Canada, présentera les rapports de masculinité suivants pour les personnes âgées : 65 à 74 ans – 868; 75 à 84 ans – 675; 85 ans et plus – 420. Ces rapports de masculinité décroissants du modèle théorique de la «population de la table de mortalité» sont très similaires aux rapports de masculinité réels observés au recensement de 1991 **(tableau 3.2, lignes 4 et 5)**. D'autres facteurs, comme l'immigration, ont également influé sur le rapport de masculinité des personnes âgées observé en 1991, mais l'étroite correspondance entre les rapports de masculinité théoriques et les rapports réels indique que la mortalité différentielle selon le sexe constitue le principal facteur déterminant.

Comment les rapports de masculinité des Canadiens âgés en 1991 se comparent-ils aux rapports de masculinité des recensements antérieurs? Au cours du siècle dernier, le rapport de masculinité des personnes âgées a baissé régulièrement **(graphique 3.2 et tableau A3.2 en annexe)**. Entre 1881 et 1951, les hommes étaient plus nombreux que les femmes dans la population des personnes âgées et le rapport de masculinité a décru lentement (ayant passé de 1 118 à 1 031 sur une période de 70 ans). Toutefois, depuis 1961, les femmes âgées sont plus nombreuses que les hommes âgés et le rapport de masculinité diminue plus rapidement. Par exemple, il s'établissait à 940 en 1961, à 812 en 1971 et à 749 en 1981. Le rapport de masculinité de 1991, 723 hommes pour 1 000 femmes, et les chiffres projetés pour les années 2001 à 2031 (de 710 à 730 environ) indiquent que le déclin est pour ainsi dire terminé.

Les **changements du rapport de masculinité dans le temps** sont liés à l'évolution des tendances relatives à la mortalité et à la migration. L'effet des changements dans la mortalité peut être illustré à l'aide de deux groupes hypothétiques de nouveaux-nés affichant tous les deux un rapport de masculinité de 1 056,5. L'un des groupes sera soumis aux taux de mortalité par sexe et par âge observés au Canada en 1920-1922 et l'autre à ceux de 1985-1987. Les deux groupes correspondent à deux «populations de table de mortalité» pour lesquelles les rapports de masculinité se chiffrent respectivement à 982 et à 725 **(tableau 3.2, lignes 4 et 6)**. Le déclin des taux de mortalité au cours des dernières décennies a réduit le rapport de masculinité des personnes âgées parce que les femmes ont profité davantage de cette baisse que les hommes. Cela se reflète dans l'écart croissant entre l'espérance de vie des femmes et celle des hommes : selon les taux de 1920-1922, l'espérance de vie à 65 ans s'établit à 13,0 ans pour les hommes et à 13,5 ans pour les femmes, soit une différence de 0,5 an; selon les taux de 1985-1987, elle est de 14,4 ans pour les hommes et de 18,4 ans pour les femmes, ce qui représente un écart de 4 ans[2].

La migration peut aussi influer sur le rapport de masculinité des personnes âgées puisque les effectifs des populations immigrante et émigrante ainsi que leur composition par âge et par sexe varient. L'effet immédiat de la population des migrants est habituellement faible même lorsque son rapport de masculinité est bas, parce qu'elle comprend assez peu de personnes âgées. Par exemple, selon les données du recensement de

1991, seulement 2,0 % des Canadiens âgés de 75 à 84 ans avaient immigré au Canada entre 1981 et 1991; en conséquence, ces immigrants ne peuvent avoir qu'une faible incidence sur le rapport de masculinité des personnes âgées de 75 à 84 ans, même s'ils affichent un faible rapport de masculinité, soit 622[3].

En revanche, la migration peut avoir une incidence importante à long terme. Il suffit pour le constater de comparer les rapports de masculinité des personnes âgées nées au Canada et des personnes âgées nées à l'extérieur du Canada de 1921 à 1991 **(tableau 3.3).** Dans le cas des personnes âgées nées au Canada, le rapport a décru graduellement à mesure que s'élargissait l'écart entre l'espérance de vie des hommes et celle des femmes. Par contre, la population immigrante a vu son rapport de masculinité augmenter légèrement entre 1921 et 1951, puis chuter brusquement. La tranche d'âge où les gens sont le plus susceptibles d'émigrer est celle de 20 à 34 ans; ainsi, la plupart des personnes âgées nées à l'extérieur du pays et dénombrées aux recensements de 1921 à 1951 avaient probablement immigré avant 1921, lorsque les taux d'immigration au Canada et les rapports de masculinité des immigrants étaient élevés[4]. Depuis le recensement de 1961, les personnes âgées nées à l'extérieur du Canada comptaient une proportion croissante de personnes arrivées au Canada au cours de la Crise, de la Seconde Guerre mondiale et des années d'après-guerre; dans ces années, l'effectif de la population immigrante ainsi que son rapport de masculinité étaient assez faibles.

Tableau 3.3
Pourcentage de personnes nées à l'extérieur du Canada et rapport de masculinité selon le lieu de naissance, personnes âgées au Canada, 1921 à 1991

Année	1921	1931	1941	1951	1961	1971	1981	1991
Ensemble des personnes âgées	1 047	1 046	1 037	1 031	940	814	776	753
Personnes âgées nées au Canada	1 014	1 002	974	945	879	778	764	744
Personnes âgées nées à l'extérieur du Canada	1 149	1 177	1 194	1 199	1 046	880	805	781
Pourcentage de personnes âgées nées à l'extérieur du Canada	25,6 %	26,8 %	31,1 %	36,4 %	38,8 %	36,5 %	29,8 %	26,7 %

Nota : Pour 1981 et 1991, les données sur le lieu de naissance proviennent d'un échantillon qui exclut les logements collectifs. Les rapports de masculinité présentés pour ces années ne sont donc pas entièrement comparables aux rapports de masculinité des années 1921 à 1971. Il faut également prendre note que les rapports de masculinité de 1981 et 1991 figurant dans le tableau 3.3 pour l'«ensemble des personnes âgées» diffèrent légèrement des rapports de masculinité présentés dans les tableaux 3.2 et A3.2 parce que le premier tableau a été préparé à partir des données sur la population-échantillon alors que les derniers sont tirés de données recueillies auprès de l'ensemble de la population.

Sources : 1921 – B.F.S., *Origines, pays de naissance, nationalité et langues de la population canadienne (étude du recensement)*, Ottawa, Imprimeur du Roi, 1929, tableau 39.

1931 – B.F.S., Recensement du Canada de 1931, vol. III – *Âges de la population*, Ottawa, Imprimeur du Roi, 1935, tableau 23.

1941 – B.F.S., Recensement du Canada de 1941, vol. III – *Âges de la population*, Ottawa, Imprimeur du Roi, 1946, tableau 18.

1951 – B.F.S., Recensement du Canada de 1951, vol. II – *Population, classements recoupés des caractéristiques*, Ottawa, Imprimeur de la Reine, 1953, tableau 10.

1961 – B.F.S., Recensement du Canada de 1961, vol. I:3 – *Population, classements recoupés des caractéristiques*, Ottawa, Imprimeur de la Reine, 1964, tableau 89.

1971 – Statistique Canada, Recensement du Canada de 1971, *Groupes d'âge selon le lieu de naissance*, Ottawa, MIC, 1974, n° 92-737 au catalogue, tableau 25.

1981 – Statistique Canada, Recensement du Canada de 1981, *Population : lieu de naissance*, citoyenneté et période d'immigration, Ottawa, ASC, 1984, n° 92-913 au catalogue, tableaux 7A et 7B.

1991 – Recensement du Canada de 1991, totalisations spéciales.

Quel est l'effet de ces tendances relatives à l'immigration sur le rapport de masculinité de l'ensemble des personnes âgées au Canada? Entre 1921 et 1951, tant la proportion de personnes âgées nées à l'extérieur du Canada que leur rapport de masculinité ont affiché des hausses. Ces tendances ont contrebalancé le déclin du rapport de masculinité des personnes âgées nées au Canada de sorte que le rapport de masculinité de l'ensemble des personnes âgées est resté assez stable. La brusque baisse du rapport de masculinité des personnes nées à l'extérieur du Canada, entre 1951 et 1961, va de pair avec le déclin correspondant de l'ensemble des personnes âgées au Canada. Par la suite, la baisse conjointe de la proportion des personnes âgées nées à l'extérieur du Canada et de leur rapport de masculinité a réduit encore davantage le rapport de masculinité de l'ensemble des personnes âgées; en 1991, les écarts entre les rapports de masculinité des personnes nées au Canada (744), des personnes nées à l'extérieur du Canada (781) et de l'ensemble des personnes âgées (753) étaient faibles.

L'analyse précédente portait sur les changements dans le temps du rapport de masculinité des personnes âgées en général. Dans l'ensemble, l'évolution des rapports de masculinité des groupes d'âge de 65 à 74 ans, de 75 à 84 ans ou de 85 ans et plus suit les mêmes tendances que l'évolution observée pour l'ensemble des personnes âgées, particulièrement en ce qui a trait à la baisse marquée dans les rapports de masculinité observée après 1951 **(graphique 3.2)**.

3.3 Les personnes âgées dans l'ensemble de la population canadienne

Pour situer la population âgée dans la répartition par âge de l'ensemble de la population, nous présentons dans le graphique 3.3 les pyramides des âges de la population canadienne pour 1961 et 1991. La constatation la plus manifeste est que la plus forte hausse en pourcentage des personnes âgées entre 1961 et 1991 a été affichée par les femmes, alors que le changement dans le cas des hommes est assez minime.

Une autre observation touche les comparaisons entre les personnes âgées et les personnes de 25 à 44 ans (en 1991, ce groupe d'âge inclut les cohortes du baby-boom, c'est-à-dire les personnes nées entre 1946 et 1966). Entre 1961 et 1991, on observe une augmentation considérable **du pourcentage de personnes âgées**, de 7,6 % à 11,6 %. Cette augmentation de quatre points est dépassée toutefois par la hausse de 7,1 points enregistrée pour le groupe d'âge de 25 à 44 ans, dont le pourcentage a grimpé de 26,7 % en 1961 à 33,8 % en 1991. **Les taux d'accroissement de la population** pour ces deux groupes permettent de brosser un tableau différent : au cours de la période allant de 1961 à 1991, la population âgée s'est accrue de 128 % (ayant passé de 1,4 million à 3,2 millions de personnes), alors que l'effectif du groupe d'âge de 25 à 44 ans n'a augmenté que de 90 % (de 4,9 millions à 9,2 millions)[5].

Graphique 3.3
Répartition de la population selon l'âge et le sexe, Canada, 1961 et 1991

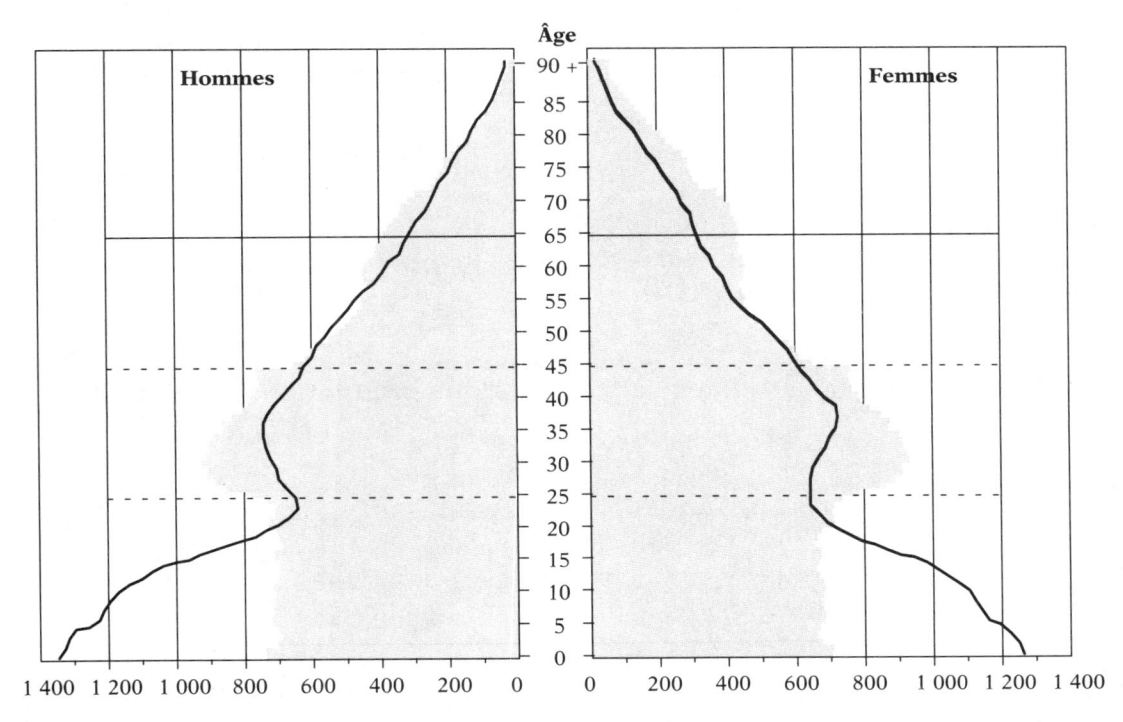

Pour une population totale de 100 000 personnes

——— 1961   1991

Sources : 1961 – B.F.S., *Recensement du Canada de 1961, vol. I:2*. Ottawa, Imprimeur de la Reine, 1962, tableau 26.
           1991 – Statistique Canada, Recensement du Canada de 1991, *Âge, sexe et état matrimonial*, Ottawa, ISTC, 1992, n° 93-310 au catalogue, tableau 4.

Chapitre 4

État matrimonial : que de veuves!

En 1991, la plupart des 3,2 millions de Canadiens âgés étaient soit mariés (57 %), soit veufs ou veuves (33 %) **(tableau 4.1)**[1]. Les personnes âgées divorcées (3 %) ou célibataires (7 %) étaient peu nombreuses. En revanche, dans la population totale (de 15 ans et plus), les personnes mariées (63 %) et les célibataires (26 %) constituaient les groupes prédominants.

On observe des différences marquées entre les sexes et entre les groupes d'âge (65 à 74 ans, 75 à 84 ans et 85 ans et plus) dans la composition par état matrimonial, particulièrement en ce qui a trait aux personnes mariées et aux personnes veuves. Les quatre points ci-dessous sont dignes de mention (sauf indication contraire, toutes les références aux «groupes d'âge» dans le texte qui suit ont trait aux trois groupes d'âge suivants : 65 à 74 ans, 75 à 84 ans et 85 ans et plus).

(i) Pour les hommes comme pour les femmes, la proportion de personnes mariées décroît avec l'âge alors que la proportion de personnes veuves s'accroît. Ainsi, dans le groupe d'âge de 65 à 74 ans, 34 % des femmes sont veuves comparativement à 79 % des femmes de 85 ans et plus. Ce dernier chiffre signifie **que quatre femmes de 85 ans et plus sur cinq sont veuves**! Parallèlement, le pourcentage de femmes mariées chute de 56 % dans le groupe d'âge de 65 à 74 ans à 10 % dans le groupe d'âge de 85 ans et plus; cet écart est si marqué que dans le groupe des femmes âgées de 85 ans et plus, le pourcentage des femmes mariées est à peu près le même que celui des célibataires.

La proportion décroissante de personnes âgées mariées et la proportion croissante correspondante de personnes âgées veuves s'expliquent principalement par les tendances relatives à la mortalité. Plus précisément, les taux de mortalité des femmes et des hommes mariés augmentent d'un groupe d'âge au suivant de sorte que de plus en plus de personnes sont «transférées» de la catégorie des personnes mariées à la catégorie des veuf(ve)s. Par exemple, le taux de mortalité de 1980 à 1982 pour les hommes mariés[2] de 75 ans était deux fois plus élevé que le taux des hommes de 65 ans, lequel représentait plus du double du taux des hommes mariés de 55 ans **(graphique 4.1, section supérieure)**.

Tableau 4.1
Personnes âgées selon l'âge et le sexe, par état matrimonial, Canada, 1991

		Total	Célibataires	Marié(e)s	Veuf(ve)s	Divorcé(e)s
			Nombres absolus			
Les deux sexes	Ensemble des adultes (15 ans et plus)	21 604 300	5 705 900	13 644 700	1 344 700	909 100
	Ensemble des personnes âgées	3 170 000	233 500	1 812 900	1 031 000	92 500
Hommes	65 ans et plus	1 330 400	92 400	1 028 900	171 600	37 500
	65 à 74 ans	851 500	57 400	699 600	65 800	28 600
	75 à 84 ans	392 700	27 500	285 400	71 900	7 800
	85 ans et plus	86 300	7 500	43 900	33 900	1 000
Femmes	65 ans et plus	1 839 500	141 200	784 000	859 400	55 000
	65 à 74 ans	1 043 600	67 600	584 000	349 900	42 100
	75 à 84 ans	598 900	53 000	180 300	354 300	11 300
	85 ans et plus	197 000	20 600	19 700	155 200	1 600
			Répartition en pourcentage			
Les deux sexes	Ensemble des adultes (15 ans et plus)	100,0 %	26,4 %	63,2 %	6,2 %	4,2 %
	Ensemble des personnes âgées	100,0 %	7,4 %	57,2 %	32,5 %	2,9 %
Hommes	65 ans et plus	100,0 %	6,9 %	77,3 %	12,9 %	2,8 %
	65 à 74 ans	100,0 %	6,7 %	82,2 %	7,7 %	3,4 %
	75 à 84 ans	100,0 %	7,0 %	72,7 %	18,3 %	2,0 %
	85 ans et plus	100,0 %	8,7 %	50,9 %	39,2 %	1,2 %
Femmes	65 ans et plus	100,0 %	7,7 %	42,6 %	46,7 %	3,0 %
	65 à 74 ans	100,0 %	6,5 %	56,0 %	33,5 %	4,0 %
	75 à 84 ans	100,0 %	8,8 %	30,1 %	59,2 %	1,9 %
	85 ans et plus	100,0 %	10,4 %	10,0 %	78,8 %	0,8 %
		Rapports de masculinité (nombre d'hommes pour 1 000 femmes)				
	Ensemble des adultes (15 ans et plus)	952	1 225	996	202	665
	65 ans et plus	723	654	1 312	200	681
	65 à 74 ans	816	849	1 198	188	680
	75 à 84 ans	656	518	1 583	203	694
	85 ans et plus	438	366	2 230	218	636

Source : Statistique Canada, Recensement du Canada de 1991, *Âge, sexe et état matrimonial*, Ottawa, ISTC, 1992, n° 93-310 au catalogue, tableau 3.

Graphique 4.1
Taux de mortalité et taux de nuptialité des veuf(ve)s et divorcé(e)s par âge, certains groupes définis selon l'état matrimonial, personnes âgées de 30 à 80 ans, Canada, 1980 à 1982

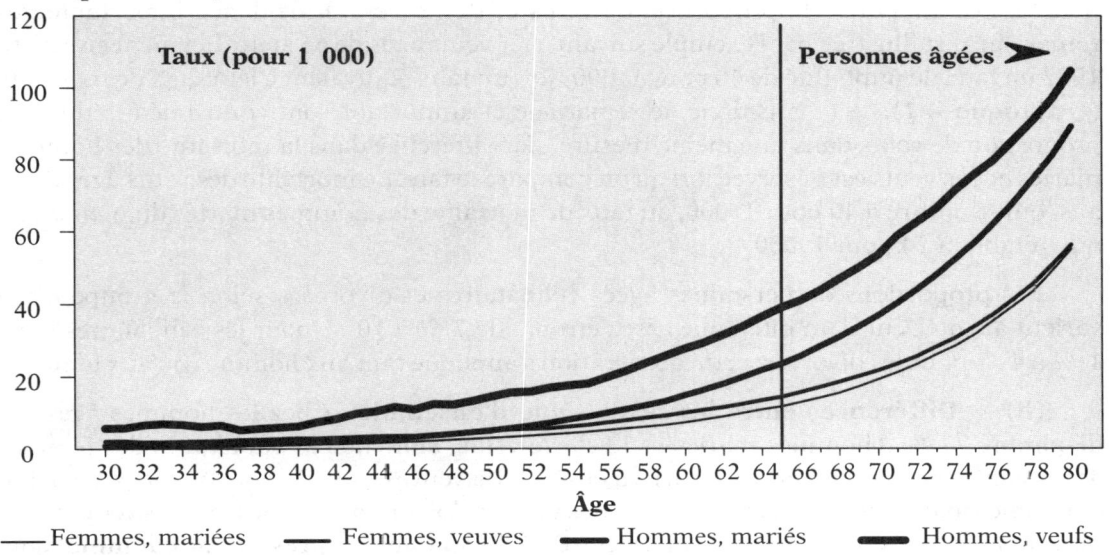

Taux (pour 1 000)

―― Femmes, mariées   ―― Femmes, veuves   ―― Hommes, mariés   ―― Hommes, veufs

Taux de mortalité

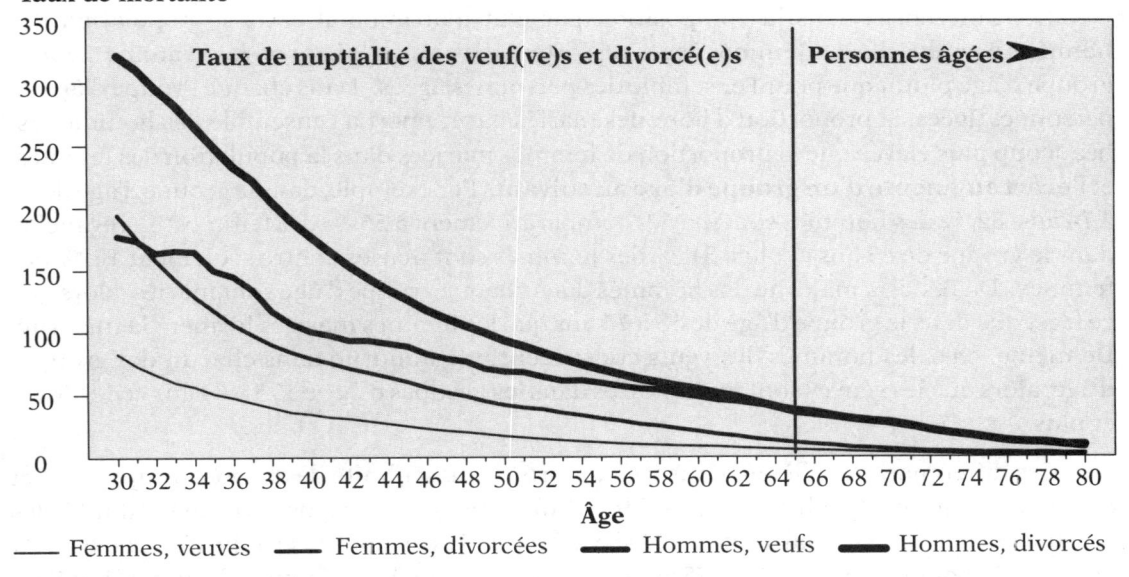

―― Femmes, veuves   ―― Femmes, divorcées   ―― Hommes, veufs   ―― Hommes, divorcés

Nota : Les taux correspondent aux moyennes mobiles sur cinq ans, établies à partir des «tables de mortalité selon l'état matrimonial».

Source : Adams, O.B., et Nagnur, D.N., *Mariage, divorce et mortalité*, Ottawa, ASC, 1988, n° 84-536 au catalogue.

L'incidence de ces «transferts» de la catégorie des personnes mariées à la catégorie des personnes veuves est contrebalancée en partie par deux facteurs : le remariage de certaines personnes veuves, et les taux de mortalité plus élevés des personnes veuves de certains groupes d'âge-sexe comparativement aux taux de mortalité des personnes mariées des mêmes groupes. Ces deux facteurs contribuent à accroître la proportion des personnes mariées par rapport à la proportion de veufs et de veuves. L'incidence importante des remariages est illustrée par l'exemple suivant : les veufs âgés de 65 ans affichaient en 1980 à 1982 un taux de nuptialité de 40 pour 1 000, soit un taux équivalent à leur taux de mortalité **(graphique 4.1).** À 65 ans donc, le remariage et la mortalité ont contribué à réduire la proportion de veufs dans une même mesure. La différence dans la mortalité des hommes mariés et des veufs est observée lorsqu'on compare le taux de mortalité des veufs âgés de 65 ans, qui se chiffre à 40 pour 1 000, au taux de mortalité des hommes mariés du même âge, qui s'établit à 24 pour 1 000.

Les proportions de personnes âgées célibataires et divorcées selon le groupe d'âge varient à l'intérieur d'un intervalle assez étroit : de 7 % à 10 % pour les célibataires et de 1 % à 4 % pour les divorcés; cette observation s'applique tant aux hommes qu'aux femmes.

(ii) Différences entre les sexes – vue d'ensemble. Chez les hommes âgés, on dénombre 77 % d'hommes mariés et 13 % de veufs, alors que la population des femmes âgées compte 43 % de femmes mariées et 47 % de veuves. Ainsi, alors que la proportion d'hommes mariés est plus forte que celle des veufs, selon un rapport de 6 à 1, les veuves sont plus nombreuses que les femmes mariées. En fait, au Canada, **presque une femme âgée sur deux est veuve**!

Les différences dans la composition par état matrimonial entre la population des hommes âgés et celle des femmes âgées ressortent davantage lorsqu'on les examine selon le groupe d'âge plutôt que pour l'ensemble des personnes âgées. Dans chaque groupe d'âge de personnes âgées, la proportion d'hommes mariés par rapport à l'ensemble des hommes est beaucoup plus élevée que la proportion de femmes mariées dans la population des femmes, et **l'écart augmente d'un groupe d'âge au suivant**. Par exemple, dans le groupe d'âge de 65 à 74 ans, 82 % des hommes sont mariés comparativement à 56 % des femmes; en revanche, dans le groupe de 85 ans et plus, 51 % des hommes sont mariés contre seulement 10 % des femmes. Du reste, la majorité des hommes dans chaque groupe d'âge sont mariés, alors que ce n'est que dans le groupe d'âge de 65 à 74 ans que les femmes mariées forment la majorité. De même, chez les hommes, les veufs constituent une minorité dans chacun des groupes d'âge, alors que les veuves sont majoritaires dans les groupes d'âge de 75 à 84 ans et de 85 ans et plus.

Ces différences se reflètent dans les rapports de masculinité de chaque groupe d'âge et d'état matrimonial **(tableau 4.1, section inférieure).** Le rapport de masculinité des personnes mariées est relativement élevé, variant de 1 198 pour le groupe d'âge de 65 à 74 ans à 2 230 pour le groupe d'âge «85 ans et plus». En revanche, le rapport de masculinité des personnes veuves est extrêmement bas, variant à l'intérieur d'un intervalle étroit de 188 à 218. **Ces chiffres signifient que dans chaque groupe d'âge, il y a cinq fois plus de veuves que de veufs**.

Quels facteurs déterminent les tendances relatives au rapport de masculinité esquissées ci-devant? Certains des principaux facteurs signalés par les démographes sont traités aux paragraphes (iii) et (iv) ci-après.

(iii) Différences selon le sexe – raisons du rapport de masculinité élevé des personnes âgées mariées. À long terme, l'écart entre l'âge de l'époux et celui de l'épouse est un facteur du rapport de masculinité élevé des personnes âgées mariées. Chez la plupart des couples mariés dans notre société, l'époux est plus âgé que l'épouse. À la longue, cet écart se traduit par le nombre élevé d'époux âgés ayant des épouses non âgées. De fait, selon les résultats du recensement de 1991, pour 100 couples dont au moins un des partenaires est une personne âgée, on constate que dans 28 de ces couples seul l'homme est âgé, dans 6 autres couples seule la femme est âgée, et dans les 66 derniers couples, les deux partenaires sont âgés. Pour illustrer davantage cette tendance, examinons la catégorie des hommes âgés de 65 à 69 ans : 55 % d'entre eux avaient une épouse âgée de moins de 65 ans, 37 % avaient une épouse âgée de 65 à 69 ans et l'épouse de 9 % d'entre eux était âgée de 70 ans et plus.

La différence constatée entre les hommes et les femmes en ce qui a trait au **remariage** est un autre facteur du rapport de masculinité élevé des personnes âgées mariées **(graphiques 4.1 et 4.2)**. En général, les taux de nuptialité des veufs et divorcés sont plus élevés chez les hommes que chez les femmes quel que soit leur âge. En conséquence, plus de veufs et de divorcés sont «transférés» à la catégorie des hommes âgés mariés comparativement aux femmes. Ainsi, le taux de nuptialité des veufs de 1985 à 1987 pour le groupe d'âge de 65 à 69 ans est presque sept fois plus élevé chez les hommes que chez les femmes : 31,2 remariages contre 4,6 pour 1 000. Ces «transferts» se traduisent en fin de compte par un rapport de masculinité élevé pour les personnes âgées mariées.

Par ailleurs, les taux de mortalité plus élevés chez les hommes mariés, comparativement à ceux des femmes mariées, contrebalancent ce phénomène, parce qu'ils tendent à réduire le rapport de masculinité. Pour les personnes mariées de tous les groupes d'âge, le taux de mortalité des hommes s'établit à 48 pour 1 000, soit presque le double du taux de mortalité des femmes de 25 pour 1 000.

On peut observer les effets de la mortalité différentielle selon le sexe dans les «tables de mortalité selon l'état matrimonial» de Statistique Canada pour 1980/82. Selon ces tables, les probabilités de dissolution du mariage pour les hommes mariés de 65 ans s'établissaient comme suit : en raison du décès de l'époux lui-même – 72 %; en raison du décès de l'épouse – 27 %. Dans le cas des femmes mariées de 65 ans, les probabilités étaient inversées : en raison du décès de l'épouse elle-même – 28 %; en raison du décès de l'époux – 71 %. (La probabilité de la dissolution du mariage du fait d'un divorce se situait bien en deçà de 2 % tant pour les hommes que pour les femmes.)

Graphique 4.2
Certains taux de mortalité et de nuptialité des veuf(ve)s ayant trait à la composition par état matrimonial, personnes âgées, Canada, 1985 à 1987

Taux pour 1 000 personnes

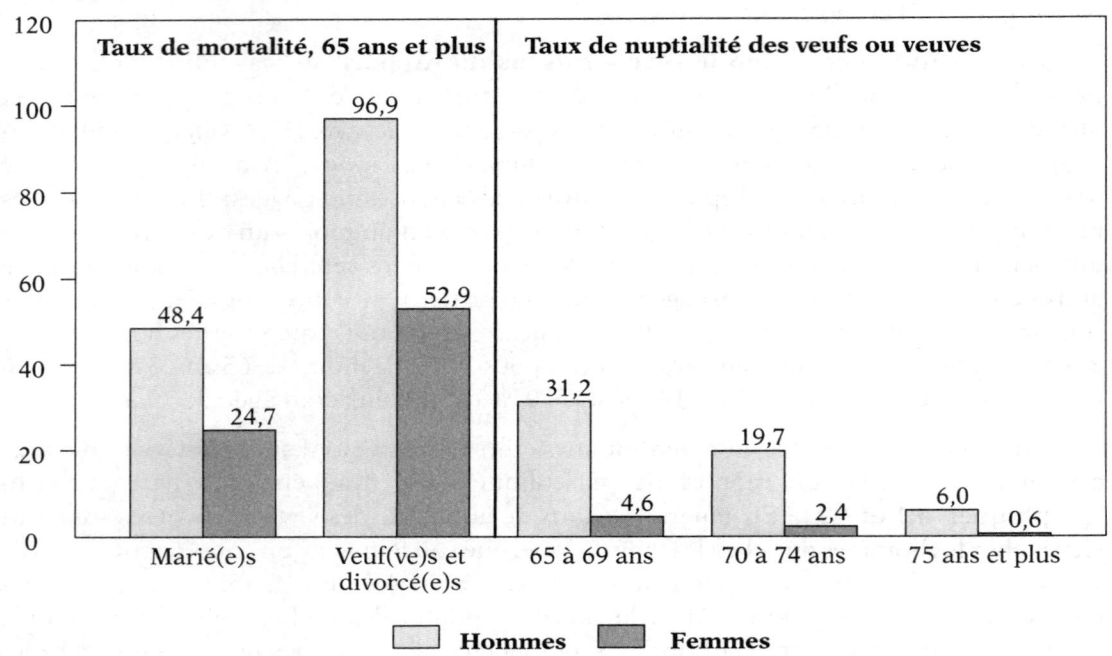

	Taux de mortalité, 65 ans et plus		Taux de nuptialité des veufs ou veuves		
	Marié(e)s	Veuf(ve)s et divorcé(e)s	65 à 69 ans	70 à 74 ans	75 ans et plus
Hommes	48,4	96,9	31,2	19,7	6,0
Femmes	24,7	52,9	4,6	2,4	0,6

☐ Hommes ■ Femmes

Sources : Données sur la population de 1986 :
Statistique Canada, *Âge, sexe et état matrimonial*, Recensement du Canada de 1991, Ottawa, ISTC, 1992, n° 93-310 au catalogue, tableau 3.

Décès selon l'âge, le sexe et l'état matrimonial, 1985 à 1987 : Statistique Canada, *La statistique de l'état civil, Naissances et décès, 1985*, Ottawa, ASC, 1986, n° 84-204 au catalogue, tableau 20.

Statistique Canada, *La statistique de l'état civil, Naissances et décès, 1986*, Ottawa, ASC, 1988, n° 84-204 au catalogue, tableau 20.

Statistique Canada, CCIS, *Décès, 1987-1988*, Ottawa, ASC, 1990, n° 84-003 S15 au catalogue, tableau 5.

Mariages selon l'âge, le sexe et l'état matrimonial, 1985 à 1987 :
Statistique Canada, *La statistique de l'état civil, Mariages et divorces, 1985*, Ottawa, ASC, 1986, n° 84-205 au catalogue, tableau 6.

Statistique Canada, *La statistique de l'état civil, Mariages et divorces, 1986*, Ottawa, Division de la santé, 1988, tableaux standard, tableau 6.

Statistique Canada, CCIS, *Mariages, 1987-1988*, Ottawa, ASC, 1990, n° 84-003 S16 au catalogue, tableau 6.

(iv) Différences selon le sexe – raisons du faible rapport de masculinité des personnes âgées veuves. Les facteurs expliquant le faible rapport de masculinité des personnes âgées veuves constituent pour l'essentiel le pendant des facteurs déterminants du rapport de masculinité élevé des personnes âgées mariées.

Le premier facteur est la différence d'âge entre les conjoints. Comme l'époux est en général plus âgé que sa conjointe, même si les hommes et les femmes affichaient les mêmes taux de mortalité par âge, il est plus probable que le conjoint survivant en cas de décès soit une veuve qu'un veuf. Ce phénomène tend à réduire le rapport de masculinité des personnes âgées veuves.

De plus, les hommes mariés affichent des taux de mortalité par âge plus élevés que les femmes mariées, ce qui contribue encore davantage à la réduction du rapport de masculinité des personnes âgées veuves; même si chaque homme âgé avait été marié à une femme du même âge, le rapport aurait diminué du fait uniquement de cette mortalité différentielle.

Le remariage des personnes veuves représente un troisième facteur déterminant. Comme les taux de nuptialité des veufs sont plus forts que ceux des veuves, plus de veufs que de veuves sont transférés dans le groupe des personnes mariées par suite d'un remariage, ce qui réduit encore davantage le rapport de masculinité des personnes âgées veuves.

La mortalité différentielle selon le sexe des personnes âgées veuves équivalait à la tendance observée pour les personnes âgées mariées. Les veufs affichent des taux de mortalité plus élevés que les veuves, quel que soit leur âge. Par exemple, pour l'ensemble des personnes âgées veuves, le taux de mortalité des veufs entre 1985 à 1987 a atteint presque le double de celui des veuves : 97 contre 53 pour 1 000 personnes. En conséquence, plus de veufs que de veuves sont éliminés de la catégorie et de ce fait, le rapport de masculinité diminue davantage.

Jusqu'ici nous n'avons traité que de la répartition selon l'état matrimonial d'après les résultats du recensement de 1991. Lorsqu'on compare les données des recensements de la période de 1931 à 1991, on relève les changements suivants **(graphique 4.3)**[3].

(i) La proportion de veufs âgés a décru considérablement. Cette observation s'applique à l'ensemble des hommes âgés de même qu'à chaque groupe d'âge analysé séparément. En 1931, par exemple, 24 % des hommes âgés étaient veufs contre 13 % seulement en 1991; dans le cas des hommes âgés de 65 à 74 ans, les proportions s'établissaient à 18 % et à 8 % respectivement. La tendance relative aux veuves est moins nette. Pour l'ensemble des femmes âgées, le pourcentage de veuves a fluctué entre 48 % et 50 % durant la période allant de 1931 à 1976. Il a ensuite décru lentement mais régulièrement pour passer de 50 % en 1976 à 47 % en 1991. Par ailleurs, dans le groupe d'âge de 65 à 74 ans, le pourcentage de veuves a fluctué entre 39 % et 41 % durant la période allant de 1931 à 1966, puis a chuté de façon prononcée et constante de 40 % en 1966 à 33 % en 1991.

(ii) La proportion d'hommes âgés mariés a augmenté considérablement. Cette tendance, qui représente le pendant du déclin dans la proportion de veufs, se manifeste pour l'ensemble des hommes âgés de même que pour chaque groupe d'âge de cette population. Par exemple, pour l'ensemble des hommes âgés, le pourcentage d'hommes mariés a grimpé de 65 % en 1931 à 77 % en 1991; pour le groupe d'âge de 65 à 74 ans, le pourcentage est passé de 70 % à 82 %. La tendance relative aux femmes mariées est moins marquée.

(iii) **La proportion de personnes âgées célibataires est demeurée assez stable jusqu'en 1971, puis a chuté considérablement**. Par exemple, dans le cas des hommes âgés de 65 à 74 ans, le pourcentage de célibataires s'est maintenu entre 11 % et 12 % de 1931 à 1971; il a ensuite chuté de 11 % en 1971 à 7 % en 1991. La tendance relative aux femmes du même groupe d'âge est presque identique. Ces tendances sont attribuables aux taux de nuptialité plus élevés observés juste après la Seconde Guerre mondiale : les personnes âgées de 65 à 74 ans en 1991 faisaient partie à cette époque des groupes d'âge à haute nuptialité.

(iv) **De 1931 à 1991, la proportion de personnes âgées divorcées était faible; on observe néanmoins une tendance à la hausse**. Jusqu'en 1966, les divorcés et les divorcées représentaient moins de 1 % de l'effectif des groupes d'âge à l'étude. Par la suite, on constate une augmentation attribuable à l'assouplissement des lois sur le divorce au Canada. Toutefois, pour la plupart des groupes d'âge, le pourcentage de personnes divorcées est encore inférieur à 3 %.

Graphique 4.3
Répartition en pourcentage des personnes âgées selon l'âge, le sexe et l'état matrimonial, Canada, 1931 à 1991

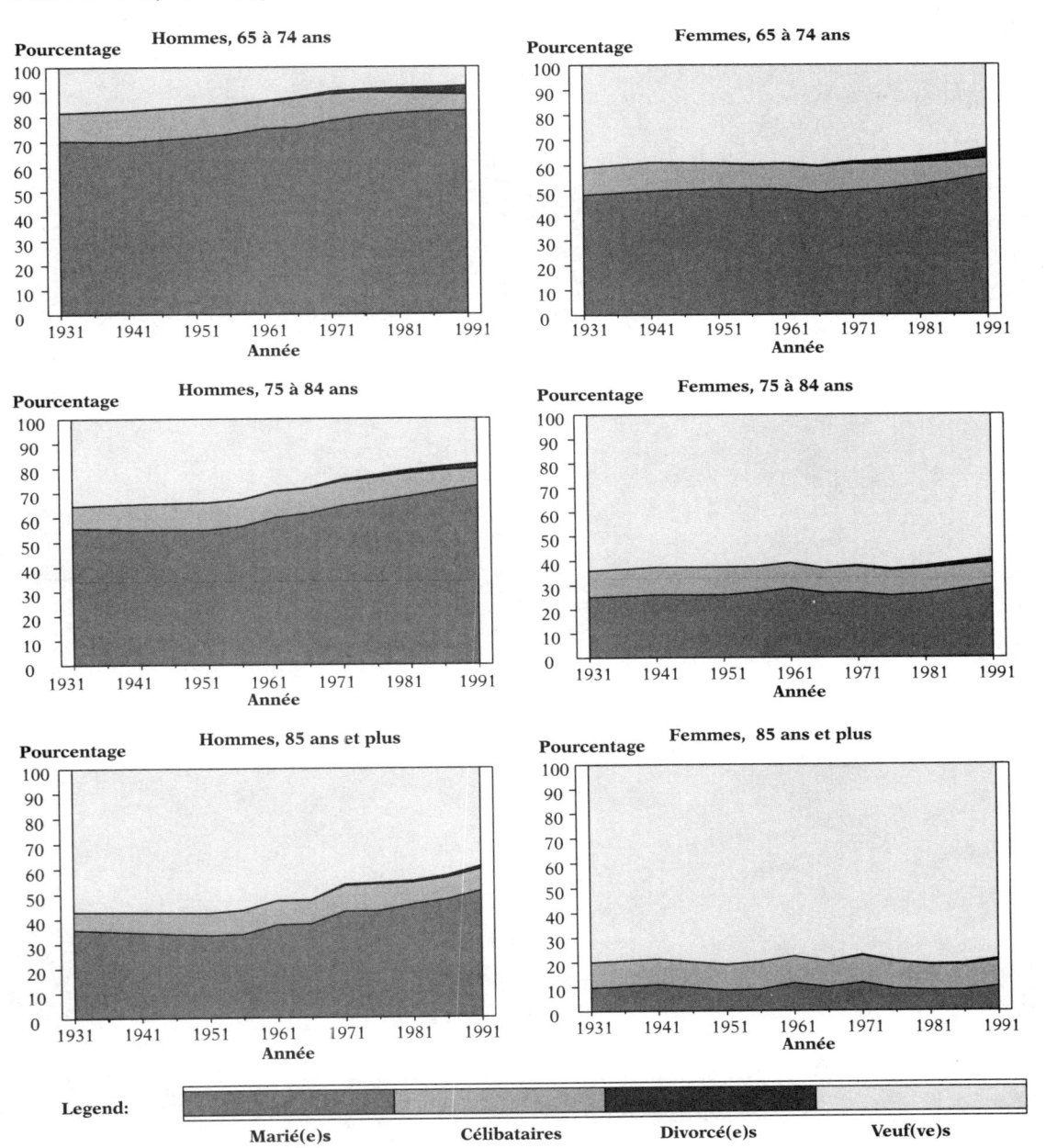

Legend: Marié(e)s — Célibataires — Divorcé(e)s — Veuf(ve)s

Nota : L'ordre dans lequel les groupes définis selon l'état matrimonial sont placés vise à accentuer les changements qui se sont produits dans les deux groupes principaux, c'est-à-dire les personnes mariées (au bas des graphiques) et les personnes veuves (au haut des graphiques).

Sources : Données tirées des totalisations selon l'âge, le sexe et l'état matrimonial des recensements de 1931 à 1991. Se reporter à la note 3 du chapitre 4 (section «Renvois»).

Statistique Canada – n° 96-312 F au catalogue
Profil des personnes âgées au Canada

Chapitre 5

Ménages et familles : peu de personnes âgées vivent en établissement institutionnel, beaucoup d'entre elles vivent seules

Les démographes considèrent que les données sur les ménages et les familles sont importantes parce qu'elles sont révélatrices des différents modes de vie de la population. Les planificateurs des secteurs public et privé se servent de ces données pour prendre des décisions relatives à la fourniture et à la commercialisation de produits et de services que les ménages achètent, comme des maisons et des articles connexes. Les données sur les ménages et les familles des personnes âgées sont particulièrement importantes en ce qui touche les sujets de préoccupation majeurs des personnes âgées : logement, aide pour les activités quotidiennes, accès aux soins de santé, revenu et solitude.

L'exposé du chapitre 5 est fondé sur les concepts et définitions du recensement qui sont décrits ci-après.

Un ménage est une personne ou un groupe de personnes qui occupe un logement et n'a pas de domicile habituel ailleurs au Canada. Les principales variables qui nous intéressent ici sont **la taille du ménage** (nombre de personnes dans le ménage) et le **genre de ménage** (p. ex., ménage constitué d'une seule personne, ménage multifamilial). Aux fins de la présente étude, un **«ménage âgé»** est défini comme étant un ménage comptant une personne âgée. Les ménages âgés peuvent également inclure des personnes non âgées (par exemple, un ménage constitué de deux frères âgés de 66 ans et de 60 ans), alors que les **«ménages non âgés»** comptent uniquement des personnes non âgées.

Une famille de recensement est définie comme étant un groupe de personnes partageant le même logement et se composant (i) soit d'un couple actuellement marié ou d'un couple en union libre, y compris leurs fils ou filles jamais marié(e)s; (ii) soit d'un parent seul avec au moins un fils ou une fille jamais marié(e). Par souci de concision, nous utiliserons désormais le terme «famille» plutôt que «famille de recensement»[1]. Les principales variables qui nous intéressent sont **la taille de la famille** (nombre de personnes dans la famille), **la situation des particuliers dans la famille** (si une personne donnée est un époux, une épouse, un partenaire en union libre, un parent seul, un fils ou une fille jamais marié ou une personne hors famille), ainsi que **la structure de la famille** (si la famille est constituée d'un couple actuellement marié, d'un couple en union libre ou d'un parent seul). En parallèle avec la définition de «ménage âgé», il a été établi, dans le cadre de la présente étude, qu'une **«famille âgée»** est une famille comptant une personne âgée. Ainsi, les familles âgées peuvent comprendre des personnes non âgées (par exemple, une famille constituée d'un époux de 66 ans et d'une épouse de 60 ans), mais les **«familles non âgées»** ne comptent que des personnes non âgées.

5.1 Personnes âgées dans les logements collectifs

Les données sur les ménages et les familles qui seront examinées aux sections 5.2 et 5.3 ont trait aux résidents permanents qui ont été dénombrés dans les ménages privés du Canada[2]. Ce groupe exclut notamment les Canadiens dénombrés dans les logements collectifs, lesquels comprennent les établissements de soins spéciaux pour personnes âgées. La section 5.1 permet d'examiner les données sur les ménages collectifs, afin de tenir compte de la population dont il n'est pas question aux sections 5.2 et 5.3, ainsi que de déterminer dans quelles proportions les personnes âgées sont placées en établissement.

Selon le recensement de 1991, environ 66 000 hommes âgés (5 % du total) et 160 000 femmes âgées (9 % du total) étaient des **pensionnaires** de logements collectifs **(tableau A5.1 en annexe)**. Parmi les personnes âgées, on a en outre dénombré un nombre relativement faible de personnes considérées comme des «membres du personnel» (10 000 hommes et 22 000 femmes).

La plupart des personnes âgées dans les ménages collectifs sont des pensionnaires d'établissements de soins spéciaux, soit plus de 56 000 hommes (74 % de tous les hommes âgés dans les logements collectifs) et plus de 147 000 femmes (81 % de toutes les femmes âgées dans les logements collectifs). Autrement dit, le pourcentage de personnes âgées qui sont des pensionnaires d'établissements de soins spéciaux se chiffre à 4 % pour les hommes et à 8 % pour les femmes **(graphique 5.1)**. De **toute évidence, ce n'est qu'un petit pourcentage de personnes âgées qui sont placées en établissement**. On observe toutefois des différences marquées entre les groupes d'âge et entre les sexes. Par exemple, chez les hommes, le pourcentage de personnes âgées qui sont pensionnaires d'un établissement de soins spéciaux va de moins de 1,5 % pour le groupe de 65 à 74 ans, à 6 % pour le groupe de 75 à 84 ans et à 23 % pour le groupe de 85 ans et plus. Ce dernier chiffre signifie **que près d'un homme de 85 ans et plus sur quatre est placé dans un établissement de soins spéciaux**. La tendance est similaire chez les femmes : le pourcentage de pensionnaires d'établissements de soins spéciaux augmente de l'un à l'autre des trois groupes d'âge (2 %, 10 % et 36 %). **Selon ce dernier pourcentage, plus d'une femme de 85 ans et plus sur trois vit dans un établissement de soins spéciaux**. Dans chacun de ces groupes d'âge, le pourcentage de femmes dans les établissements de soins spéciaux est plus élevé que celui des hommes. Cette situation est probablement en partie attribuable au fait que les femmes sont proportionnellement plus âgées que les hommes dans chacun de ces groupes d'âge. Cependant, il se peut aussi que les hommes âgés puissent plus souvent que les femmes éviter d'être placés en établissement parce qu'ils sont plus susceptibles d'obtenir le soutien nécessaire pour vivre à la maison (étant donné qu'un nombre plus élevé d'hommes que de femmes sont mariés dans chaque groupe d'âge, comme il a été mentionné au **chapitre 4**).

Graphique 5.1
Nombre de pensionnaires d'établissements de soins spéciaux pour 100 personnes dans certains groupes d'âge-sexe, Canada, 1991

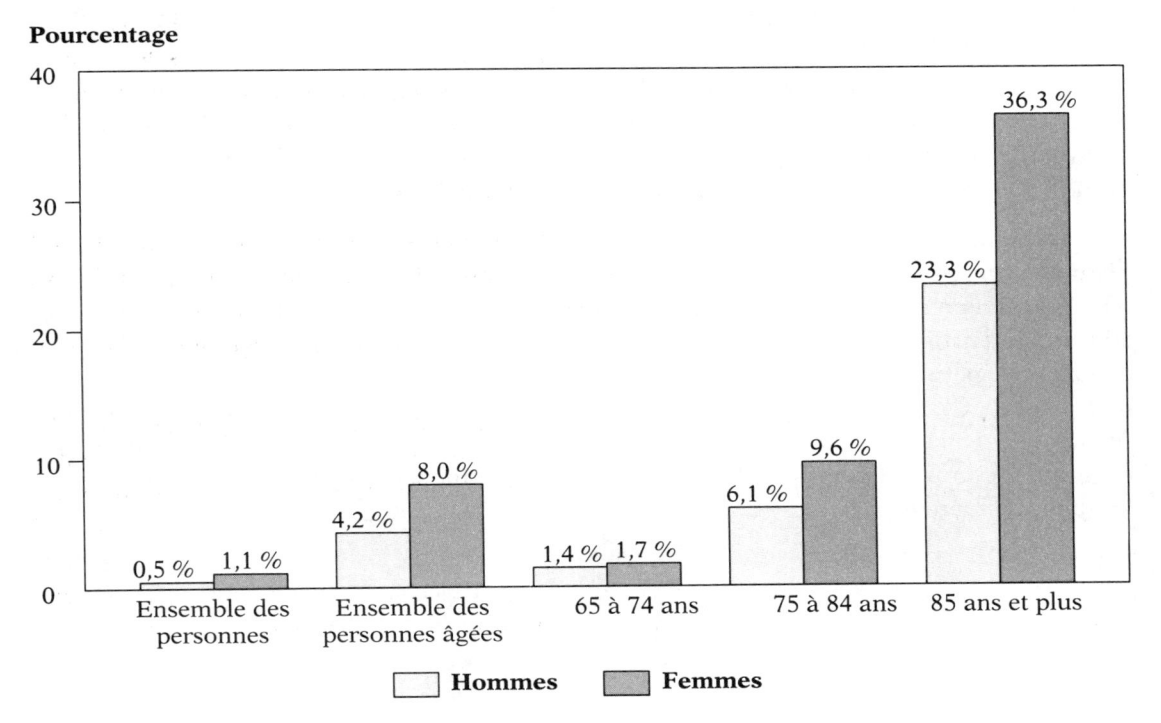

Pourcentage

Groupe	Hommes	Femmes
Ensemble des personnes	0,5 %	1,1 %
Ensemble des personnes âgées	4,2 %	8,0 %
65 à 74 ans	1,4 %	1,7 %
75 à 84 ans	6,1 %	9,6 %
85 ans et plus	23,3 %	36,3 %

Source : Recensement du Canada de 1991, totalisations spéciales.

Les hôpitaux et établissements similaires (autres que les établissements de soins spéciaux) forment la deuxième catégorie en importance parmi les catégories de logements collectifs pour personnes âgées; ils comptent 9 500 pensionnaires de sexe masculin (13 % des hommes âgés dans les logements collectifs) et 12 600 pensionnaires de sexe féminin (7 % des femmes âgées dans les logements collectifs). Les établissements religieux abritent 3 100 hommes âgés (4 % des hommes âgés dans les logements collectifs) et 15 400 femmes âgées (8 % des femmes âgées dans les logements collectifs). Les pensionnaires âgés des autres logements collectifs, comme les maisons de chambres, ainsi que les personnes âgées considérées comme des membres du personnel dans des logements collectifs autres que les établissements religieux représentent moins de 7 000 personnes âgées des deux sexes.

5.2 Personnes âgées dans les ménages privés

En 1991, environ 2,2 millions de ménages parmi les 10 millions de ménages privés du Canada étaient des ménages âgés, c'est-à-dire des ménages comptant au moins une personne âgée **(tableau A5.2 en annexe)**. La population totale de ces ménages âgés se chiffrait à 4,3 millions de personnes, soit 16 % des 26,7 millions de personnes faisant partie d'un ménage privé au Canada. Parmi ces 4,3 millions de personnes, 2,9 millions étaient des personnes âgées et 1,4 million étaient des personnes non âgées; ces dernières représentaient donc 33 % de la population des ménages âgés.

Les personnes âgées constituent 11 % des **personnes** vivant au sein d'un **ménage privé**, mais les ménages âgés représentent 22 % des **ménages privés du Canada**. Par conséquent, l'importance numérique des personnes âgées par rapport aux ménages est plus grande que ne le laisse supposer leur pourcentage dans l'ensemble de la population.

Les données ventilées selon **la taille du ménage** jettent un peu plus de lumière sur ces résultats **(graphique 5.2)**. Les ménages de petite taille (qui comptent une ou deux personnes) représentent 54 % des ménages canadiens, contre 46 % dans le cas des ménages comprenant trois personnes ou plus. En revanche, 82 % des ménages âgés sont des ménages de petite taille. En comparaison, seulement 47 % des ménages non âgés sont de petite taille. Ces chiffres se reflètent dans la taille moyenne des ménages : en 1991, pour l'ensemble de la population canadienne, la taille moyenne des ménages était de 2,7 personnes, comparativement à 2,0 personnes pour les ménages âgés et 2,9 personnes pour les ménages non âgés.

Graphique 5.2
Ménages âgés et ménages non âgés selon la taille du ménage, Canada, 1991

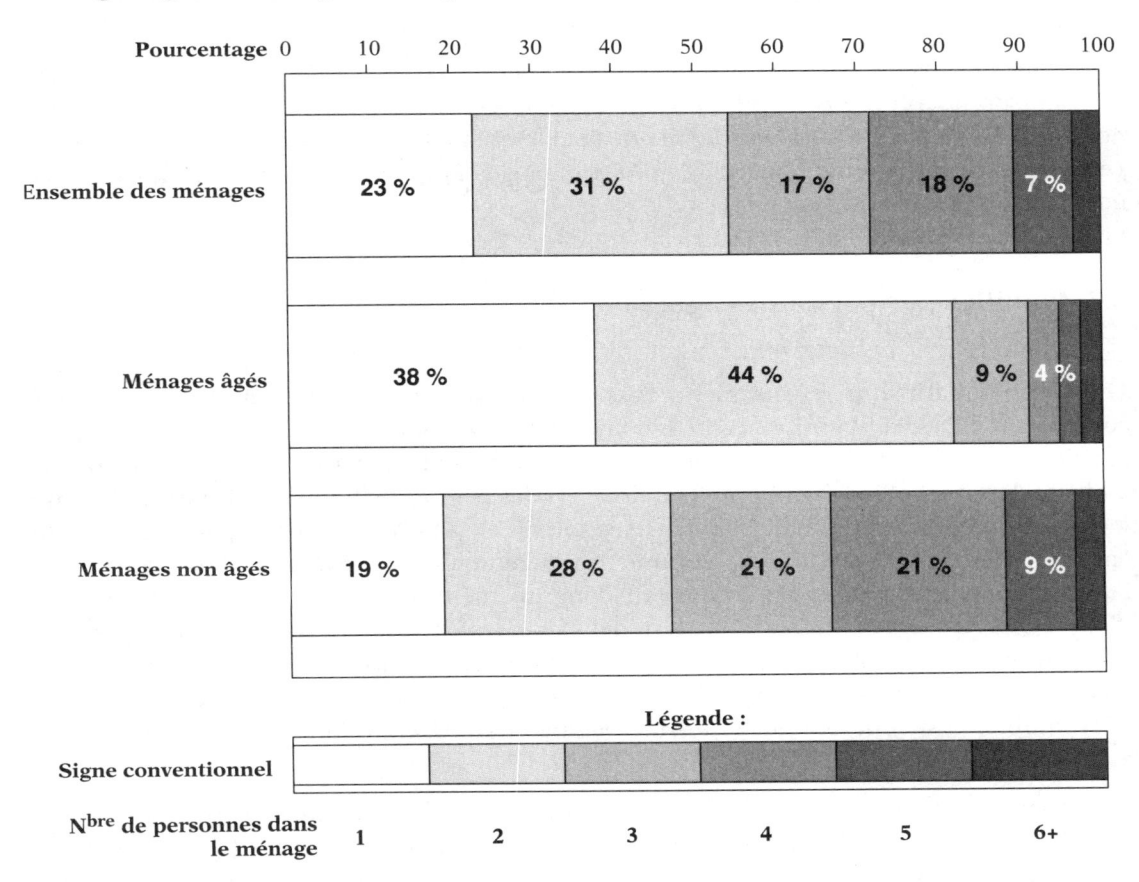

| Pourcentage | 0 | 10 | 20 | 30 | 40 | 50 | 60 | 70 | 80 | 90 | 100 |

Ensemble des ménages : 23 % | 31 % | 17 % | 18 % | 7 %

Ménages âgés : 38 % | 44 % | 9 % | 4 %

Ménages non âgés : 19 % | 28 % | 21 % | 21 % | 9 %

Légende :

Signe conventionnel

N^bre de personnes dans le ménage : 1 | 2 | 3 | 4 | 5 | 6+

Nota : Aux fins du présent graphique, un «ménage âgé» est défini comme étant un ménage dont au moins un membre est âgé de 65 ans et plus.

Source : Recensement du Canada de 1991, totalisations spéciales.

Les données sur **le genre de ménage (tableau A5.3 en annexe)** aident à expliquer pourquoi les ménages âgés comptent moins de membres que les ménages non âgés. Les trois catégories de ménages mentionnées ci-après sont particulièrement importantes pour expliquer ces différences :

(i) les ménages constitués d'un seul membre (ils représentent 38 % des ménages âgés, mais seulement 19 % des ménages non âgés);

(ii) les ménages constitués d'un couple actuellement marié sans enfants jamais mariés à la maison et sans autres personnes (ils représentent 35 % des ménages âgés, mais seulement 15 % des ménages non âgés);

(iii) les ménages constitués d'un couple actuellement marié ayant des enfants jamais mariés à la maison (ils représentent seulement 10 % des ménages âgés, mais 41 % des ménages non âgés).

Donc, les catégories (i) et (ii), qui comprennent les ménages constitués de une ou de deux personnes, représentent 73 % des ménages âgés, contre seulement 34 % des ménages non âgés. En revanche, la catégorie (iii), où se classent les ménages comptant au moins trois personnes, représente seulement 10 % des ménages âgés, comparativement à 41 % des ménages non âgés.

5.3 Familles des personnes âgées

Dans le cadre du recensement, l'expression «membres d'une famille» s'applique, comme on l'a déjà mentionné, aux conjoints d'un couple actuellement mariés, aux partenaires en union libre, aux parents seuls et aux fils et filles jamais marié(e)s vivant à la maison. Le concept de «famille» exclut donc : (i) les personnes hors famille vivant dans un ménage familial, comme un père vivant avec son fils et sa belle-fille; (ii) les personnes vivant dans un ménage non familial, comme les personnes qui vivent seules. Parmi les 26,7 millions de Canadiens qui vivaient dans un ménage privé en 1991, 22,6 millions (84,4 %) étaient des membres d'une famille; parmi les 2,9 millions de personnes âgées qui vivaient dans un ménage privé, on en dénombrait 1,8 million (61,4 %) qui étaient des membres d'une famille **(tableau 5.1)**. Après un bref examen de la situation des personnes hors famille, la section 5.3 portera principalement sur les familles et les membres d'une famille.

Parmi les 2,9 millions de personnes âgées dénombrées dans les ménages privés en 1991, plus de 800 000 (28 %) vivaient seules, comparativement à seulement 6 % des personnes non âgées. Environ 150 000 personnes âgées hors famille (5 %) vivaient au sein d'un ménage familial, et approximativement le même nombre faisaient partie d'un ménage non familial constitué de plus d'une personne. Les chiffres correspondants pour les personnes non âgées sont 3 % et 4 % respectivement.

Le recensement de 1991 a permis de dénombrer 7,4 millions de familles **(tableau A5.4 en annexe)**. Parmi celles-ci, 1,1 million (15 %) comptaient au moins une personne âgée : pour les désigner, nous utiliserons l'expression «familles âgées», comme nous avons employé l'expression «ménages âgés» à la section 5.2. La population totale dans les familles âgées se chiffre à 2,5 millions de personnes, soit 11 % de toutes les personnes dénombrées dans les ménages privés. De ce nombre, 1,8 million sont des personnes âgées et 700 000 des personnes non âgées. Ces dernières représentent donc 27 % des personnes vivant dans une famille âgée.

Tableau 5.1
Personnes âgées et personnes non âgées selon certaines catégories de personnes membres d'une famille et de personnes hors famille, Canada, 1991

		Nombres absolus			Pourcentages		
		Total	Personnes âgées	Personnes non âgées	Total	Personnes âgées	Personnes non âgées
1	Total	26 731 900	2 899 200	23 832 600	100,0 %	100,0 %	100,0 %
2	Membres d'une famille	22 558 400	1 778 700	20 779 700	84,4 %	61,4 %	87,2 %
3	Dont : partenaires en union libre	1 451 900	32 900	1 419 000	5,4 %	1,1 %	6,0 %
4	Ensemble des personnes hors famille	4 173 500	1 120 600	3 052 900	15,6 %	38,7 %	12,8 %
	Dont :						
5	Personnes hors famille vivant dans un ménage familial	772 900	148 600	624 300	2,9 %	5,1 %	2,6 %
6	Personnes vivant seules	2 297 100	818 100	1 479 000	8,6 %	28,2 %	6,2 %
7	Autres personnes hors famille vivant dans un ménage non familial	1 103 600	153 900	949 700	4,1 %	5,3 %	4,0 %

Source : Recensement du Canada de 1991, totalisations spéciales.

Dans l'ensemble des familles âgées, les plus nombreuses sont celles comptant deux conjoints âgés. Cette catégorie comprend 659 000 familles, soit 59 % des familles âgées ou 9 % de l'ensemble des familles canadiennes[3]. Environ trois personnes âgées sur quatre (74 %) qui étaient des membres d'une famille vivaient au sein de ces familles époux-épouse. Les familles âgées où un seul des conjoints est âgé représentent 31 % des familles âgées, et le pourcentage de familles monoparentales où le parent est âgé se chiffre à 10 %.

Les données sur **la taille de la famille** montrent des différences marquées entre les familles âgées et les familles non âgées; ces différences sont même plus prononcées que lorsque l'on considère la taille du ménage **(tableau A5.5 en annexe)**. Ainsi, 85 % des familles âgées sont constituées de deux personnes, comparativement à 35 % des familles non âgées **(graphique 5.3)**. Les familles âgées comptant quatre personnes ou plus sont rares : elles représentent seulement 3,4 % des familles âgées, comparativement à 40 % des familles non âgées. Ces différences se reflètent dans la taille moyenne des familles : 2,2 personnes par famille pour les familles âgées et 3,2 personnes pour les familles non âgées.

Graphique 5.3
Familles âgées et familles non âgées selon la taille de la famille, Canada, 1991

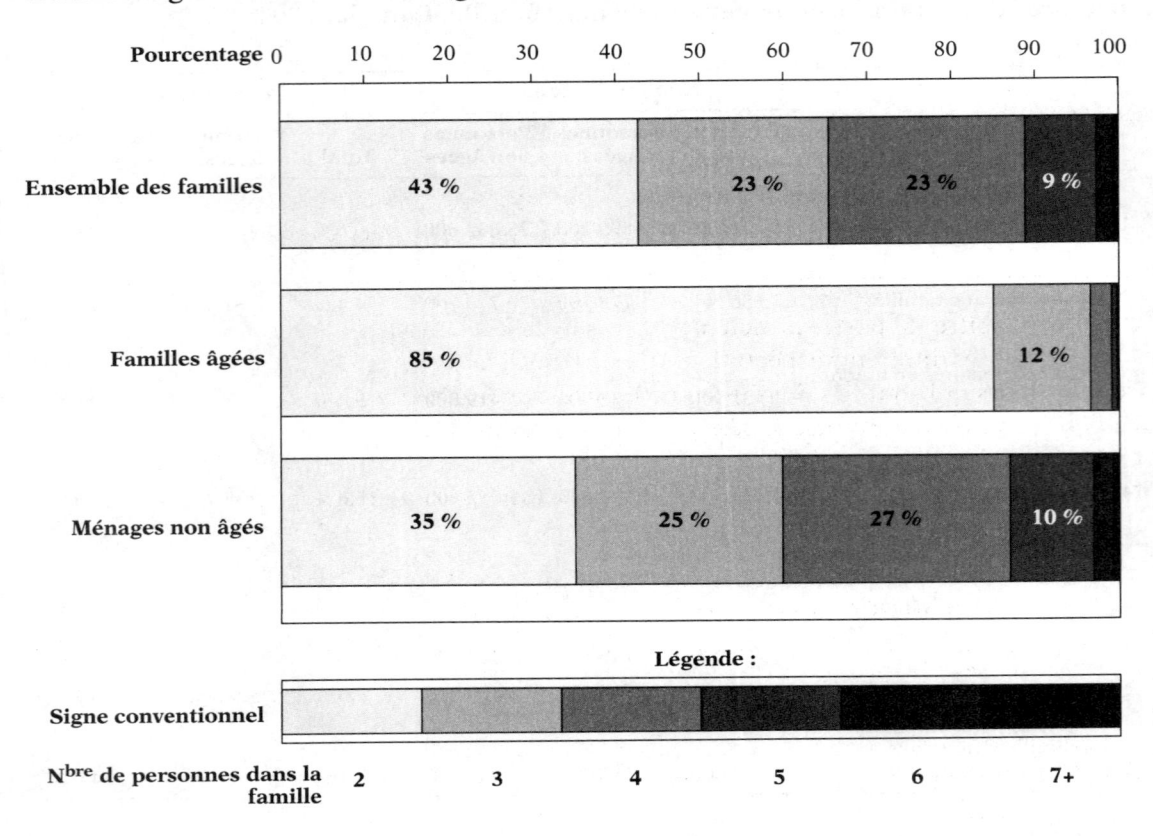

	Pourcentage									
	0	10	20	30	40	50	60	70	80	90	100

Ensemble des familles : 43 % | 23 % | 23 % | 9 %

Familles âgées : 85 % | 12 %

Ménages non âgés : 35 % | 25 % | 27 % | 10 %

Légende :

Signe conventionnel

N^bre de personnes dans la famille : 2 | 3 | 4 | 5 | 6 | 7+

Nota : Par «familles âgées», on entend les familles comptant au moins une personne âgée.

Source : Recensement du Canada de 1991, totalisations spéciales.

Les données sur **la structure de la famille** viennent compléter les résultats précédents en soulignant l'importance relative des couples actuellement mariés, des couples en union libre et des familles monoparentales parmi les familles âgées **(tableau A5.6 en annexe)**. Les familles âgées comptent un pourcentage plus élevé de couples actuellement mariés (88 %) que les familles non âgées (75 %); les couples en union libre sont beaucoup moins nombreux parmi les familles âgées (2 %) que parmi les familles non âgées (11 %); de plus, le pourcentage de familles monoparentales dans les familles âgées (10 %) est légèrement inférieur à ce qu'il est dans les familles non âgées (13 %).

Chapitre
6

Scolarité et caractéristiques économiques : le revenu des personnes âgées est-il inférieur au revenu moyen des Canadiens?

Le chapitre 6 porte principalement sur le revenu des personnes âgées. Pour comprendre les différents aspects de cette variable, il faut examiner de façon assez détaillée deux facteurs qui sont liés de près au revenu : la scolarité et l'activité. C'est la raison pour laquelle l'analyse du revenu des personnes âgées **(section 6.3)** est précédée d'un examen des caractéristiques des personnes âgées sur le plan de la scolarité **(section 6.1)** et de l'activité **(section 6.2)**. Un bref examen des dépenses **(section 6.4)**, qui représentent la contrepartie du revenu, vient compléter l'analyse du revenu des personnes âgées.

Les données analysées au chapitre 6 ont trait uniquement aux adultes (15 ans et plus) qui ont été dénombrés dans les ménages privés lors du recensement de 1991; à moins d'avis contraire, il s'agit donc de ce groupe lorsqu'il est question de la «population totale», de «tous les groupes d'âge», etc.

6.1 Scolarité

Le niveau de scolarité de la population canadienne s'est élevé graduellement. Pour s'en rendre compte, on peut examiner la progression dans le temps du pourcentage de personnes de 25 ans et plus ayant fait des études postprimaires (9e année ou plus). En 1951, 45 % des Canadiens de 25 ans et plus se classaient dans ce groupe, contre 61 % en 1971 et 83 % en 1991[1].

L'augmentation des niveaux de scolarité se reflète également dans les données de 1991 par âge sur **le plus haut niveau de scolarité atteint** et le plus haut grade, certificat ou diplôme obtenu (on utilisera désormais la forme abrégée **«plus haut niveau de scolarité atteint»**). Par exemple, seulement 20 % des personnes de 85 ans et plus ont fait des études postsecondaires, comparativement à 23 % des personnes de 75 à 79 ans et à 29 % des gens de 65 à 69 ans **(tableau 6.1, section A)**. À l'autre extrémité de l'échelle, 52 % des personnes âgées de 85 ans et plus n'avaient fait que des études primaires (1re à 8e année) ou n'avaient aucune scolarité, contre 42 % des personnes de 75 à 79 ans et 35 % des personnes de 65 à 69 ans.

Les données sur **le plus haut grade obtenu** affichent des tendances similaires. Dans le groupe d'âge de 85 ans et plus, les trois quarts (76 %) des personnes n'ont pas de diplôme (ni certificat d'études secondaires ou d'école de métiers); les pourcentages correspondants sont de 70 % pour les personnes de 75 à 79 ans et de 63 % pour celles de 65 à 69 ans **(tableau 6.1, section B)**. En revanche, 21 % des personnes de 85 ans et plus ont un diplôme inférieur au baccalauréat, à l'instar de 26 % des gens de 75 à 79 ans et de 31 % des personnes âgées de 65 à 69 ans.

Tableau 6.1
Personnes âgées et personnes non âgées selon : A) le plus haut niveau de scolarité atteint et B) le plus haut grade obtenu, Canada, 1991

	Tous les groupes d'âge (15 ans et plus)	Personnes non âgées (15 à 64 ans)	Personnes âgées (65 ans et plus)	65 à 69 ans	70 à 74 ans	75 à 79 ans	80 à 84 ans	85 ans et plus
A. Plus haut niveau de scolarité atteint								
Total	100,0 %	100,0 %	100,0 %	100,0 %	100,0 %	100,0 %	100,0 %	100,0 %
Aucune scolarité	0,8 %	0,5 %	2,6 %	1,9 %	2,1 %	2,8 %	4,1 %	5,7 %
De la 1re à la 8e année	13,1 %	9,2 %	36,9 %	33,3 %	35,5 %	39,2 %	43,0 %	46,7 %
De la 9e à la 13e année	39,0 %	39,7 %	34,8 %	36,0 %	36,6 %	34,6 %	30,9 %	27,8 %
Études postsecondaires	47,1 %	50,5 %	25,6 %	28,8 %	25,8 %	23,4 %	22,0 %	19,7 %
B. Plus haut grade obtenu								
Total	100,0 %	100,0 %	100,0 %	100,0 %	100,0 %	100,0 %	100,0 %	100,0 %
Aucun grade	40,6 %	36,3 %	67,0 %	63,3 %	66,1 %	69,5 %	72,4 %	75,5 %
Grade inférieur au baccalauréat	48,1 %	51,3 %	27,9 %	30,8 %	28,8 %	26,0 %	23,6 %	21,0 %
Baccalauréat ou diplôme supérieur	11,4 %	12,4 %	5,1 %	5,9 %	5,1 %	4,5 %	4,0 %	3,5 %

Nota : Dans ce tableau, les personnes ayant un certificat d'école de métiers sont classées dans la catégorie «Études postsecondaires». Cette classification diffère de celle utilisée dans le tableau 1 de la publication officielle du recensement portant sur les études postsecondaires, ayant pour référence : Statistique Canada, Recensement du Canada de 1991, *Niveau de scolarité et fréquentation scolaire*, Ottawa, ISTC, 1993, n° 93-328 au catalogue.

À la section B, par «grade», on entend également les certificats et les diplômes.

Source : Recensement du Canada de 1991, totalisations spéciales.

Les tendances qu'affichent les personnes âgées deviennent plus claires lorsqu'elles sont examinées dans le contexte des tendances observables pour l'ensemble de la population **(graphique 6.1)**. L'accroissement général du niveau de scolarité des Canadiens au cours des années est évident; la variation d'un groupe d'âge à l'autre chez les personnes âgées fait donc partie de la tendance générale. Comme on le verra à la section 6.3, cette tendance laisse supposer qu'à mesure que le niveau de scolarité des futures personnes âgées du Canada augmentera par rapport à ce qu'il est aujourd'hui, l'écart entre leur revenu et le revenu de l'ensemble de la population s'amenuisera et leur dépendance envers les transferts gouvernementaux diminuera.

Graphique 6.1
Population de 25 ans et plus selon l'année d'âge et le plus haut niveau de scolarité atteint, Canada, 1991 (répartition en pourcentage cumulée)

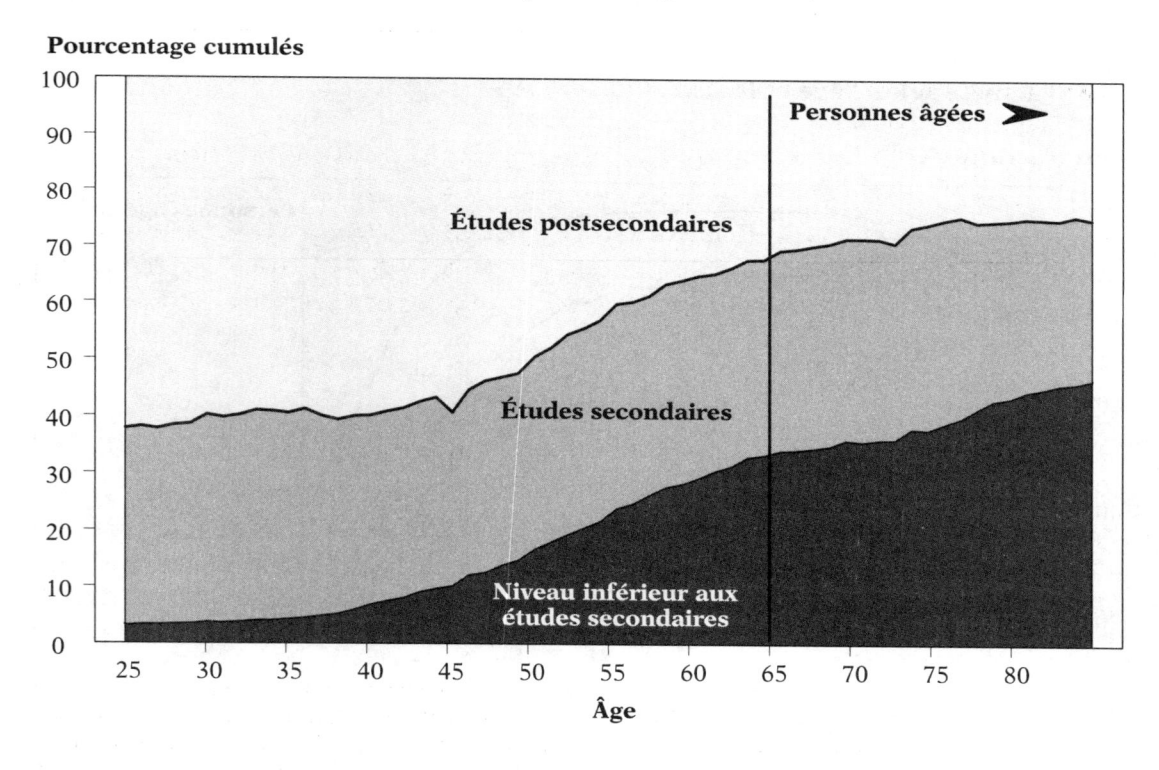

Nota : La catégorie «Niveau inférieur aux études secondaires» comprend les personnes ayant entre 0 et 8 années de scolarité; la catégorie «Études secondaires» comprend les personnes ayant entre 9 et 13 années de scolarité; la catégorie «Études postsecondaires» comprend toutes les autres personnes.

Source : Recensement du Canada de 1991, totalisations spéciales.

6.2 Activité

La présente section porte sur trois aspects de l'activité des personnes âgées : le taux d'activité, le rapport «travail à temps plein/travail à temps partiel» et le nombre moyen de semaines travaillées. Les taux d'activité sont établis pour **la semaine** ayant précédé le recensement de 1991; pour les deux autres mesures, la période de référence est **l'année civile** 1990.

Comme on pouvait s'y attendre, **les taux d'activité** des personnes âgées, qui se chiffrent à 14,4 % pour les hommes et à 5,6 % pour les femmes, sont de beaucoup inférieurs à ceux de l'ensemble de la population adulte, qui s'élèvent à 76,4 % pour les hommes et à 59,9 % pour les femmes **(tableau A6.1 en annexe)**. Examinons ces chiffres par rapport aux taux d'activité de la population en général **(graphique 6.2)**.

Graphique 6.2
Taux d'activité selon l'âge et le sexe, Canada, 1991

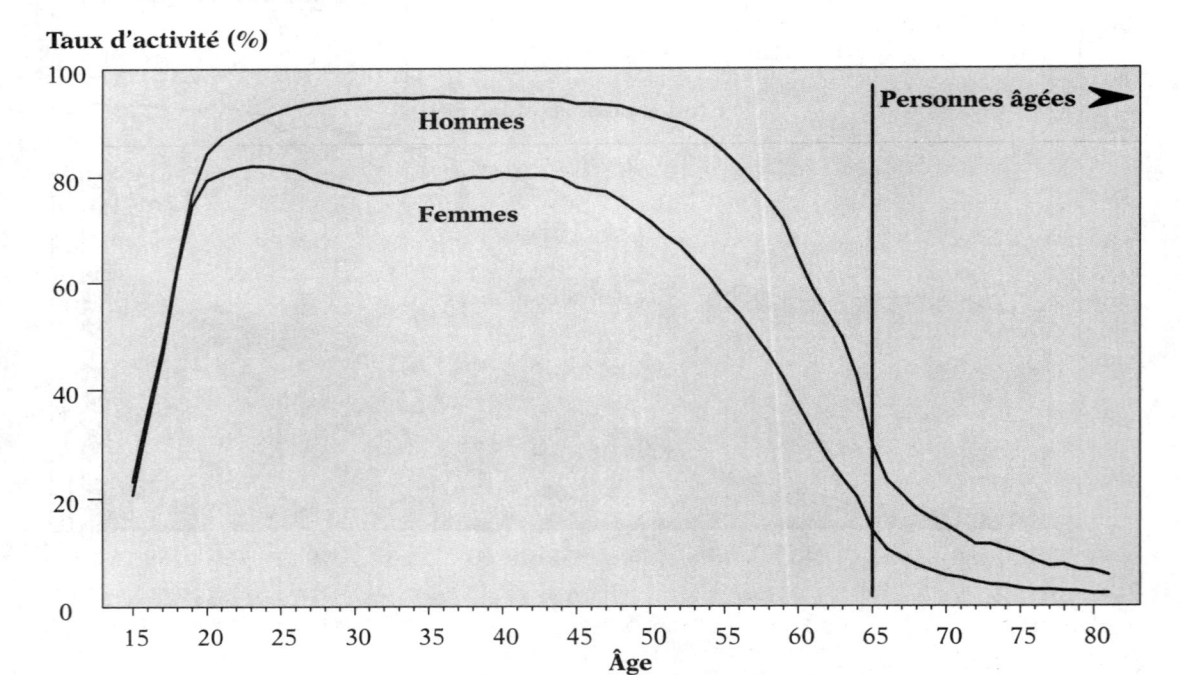

Nota : Le graphique présente toutes les années d'âge pour lesquelles le numérateur du taux d'activité se chiffre à 1 000 ou plus.

Source : Recensement du Canada de 1991, totalisations spéciales.

Chez les hommes, le taux d'activité augmente rapidement entre 15 ans (23 %) et 24 ans (91 %), demeure assez constant jusqu'à 49 ans (92 % à 95 %), puis il commence à faiblir. Cette diminution est d'abord assez lente, le taux passant de 91 % à 50 ans à 87 % à 54 ans. Après 55 ans, cependant, la chute s'accélère (de 84 % pour les hommes de 55 ans à 65 % pour ceux de 60 ans et à 42 % pour ceux de 64 ans). La baisse entre 64 et 65 ans est particulièrement forte (de 42 % à 30 %), étant donné que dans notre société, il est fréquent que les gens prennent leur retraite à 65 ans. Chez les hommes de 70 ans, le taux d'activité se chiffre à 15 %; il tombe à 10 % et à 7 % pour les hommes de 75 ans et de 80 ans respectivement. Dans ces groupes d'âge avancés, le nombre absolu d'hommes âgés au sein de la population active est faible, mais non négligeable : ainsi, en 1991, 27 000 hommes âgés de 75 à 84 ans faisaient partie de la population active.

Chez les femmes, la tendance selon l'âge est similaire, à cela près que les taux sont plus faibles dans chaque groupe d'âge, et que les changements d'un groupe d'âge à l'autre ne surviennent pas au même moment ni au même rythme. Le taux d'activité des femmes amorce une baisse constante vers 47 ans, passant de 77 % à 20 % à l'âge de 64 ans. Survient ensuite une chute prononcée à 14 % à l'âge de 65 ans. Par la suite, le taux diminue plus lentement, s'établissant à 6 % à 70 ans et 3 % à 75 ans. En 1991, 15 000 femmes âgées de 75 à 84 ans faisaient partie de la population active.

L'économie canadienne a changé profondément au cours des dernières décennies : le taux d'activité des personnes âgées a-t-il changé aussi? Les données des recensements de 1971, de 1981 et de 1991 montrent que le taux d'activité des personnes âgées a diminué avec l'âge dans les trois cas. Cependant, les taux par âge et la vitesse à laquelle ces derniers décroissent d'un groupe d'âge à l'autre ont changé considérablement, surtout chez les hommes. Ainsi, en 1971, près de la moitié des hommes de 65 ans (48 %) étaient actifs, contre seulement 29 % en 1991. De façon plus générale, les taux d'activité des hommes et des femmes âgés pour 1991 étaient inférieurs à ceux de 1971, et ce pour tous les groupes d'âge. L'incidence que cette tendance est susceptible d'avoir sur le revenu moyen des personnes âgées est examinée à la section 6.3. (Afin d'assurer la comparabilité des données tirées des trois derniers recensements, les concepts relatifs à la population active ayant été utilisés dans le cadre du recensement de 1971 ont été appliqués aux recensements de 1981 et de 1991 aux fins de la présente analyse.)

En ce qui concerne le travail **à temps plein** par rapport au travail **à temps partiel** en 1990, on observe que 68 % des hommes âgés et 52 % des femmes âgées travaillaient à temps plein, contre 88 % des hommes et 70 % des femmes dans la population de 15 ans et plus **(tableau A6.2 en annexe)**. Il existe toutefois des différences entre les groupes d'âge. Le pourcentage d'hommes âgés ayant déclaré avoir travaillé à temps plein est descendu de 82 % à l'âge de 65 ans à 65 % à l'âge de 69 ans; chez les femmes, la chute a été de 61 % à 47 %.

Pour les personnes ayant travaillé, **le nombre moyen de semaines travaillées** en 1990 constitue un indicateur important de l'activité. Fait assez surprenant, le nombre moyen de semaines travaillées par les personnes âgées se rapproche beaucoup de la moyenne calculée pour l'ensemble des personnes de 15 ans et plus : 39,2 semaines contre 42,7 semaines pour les hommes, et 38,6 semaines contre 40,8 semaines pour les femmes **(tableau A6.2 en annexe)**. De plus, si l'on fait exception des personnes de 66 ans, le nombre moyen de semaines pour les personnes âgées varie peu d'un groupe d'âge à l'autre.

6.3 Revenu des personnes âgées[2]

En 1990, la grande majorité des personnes âgées (90 %) ont touché un revenu se situant entre 5 000 $ et 49 999 $; dans l'ensemble de la population (15 ans et plus), seulement 71 % des personnes ont gagné un revenu compris dans cet intervalle **(tableau 6.2)**. Un nombre relativement peu élevé de personnes âgées se classent dans les tranches de revenu les plus élevées (50 000 $ ou plus) ou dans la tranche de revenu inférieure (moins de 5 000 $, mais à l'exclusion d'un revenu nul); de plus, peu de personnes âgées n'ont touché aucun revenu, étant donné que les régimes de pensions de sécurité de la vieillesse sont presque universels au Canada. Ainsi, 4,8 % des personnes âgées se classent dans les tranches supérieures, contre 8,5 % de l'ensemble de la population; 4,6 % des personnes âgées se retrouvent dans la tranche inférieure, comparativement à 12,1 % de la population totale; en outre, seulement 0,8 % des personnes âgées, soit moins de 24 000 personnes, n'ont touché aucun revenu, contre 8,8 % de l'ensemble de la population.

Tableau 6.2
Population selon la tranche de revenu en 1990, personnes de 15 ans et plus, de 25 à 64 ans et de 65 ans et plus, Canada, données du recensement de 1991

Tranche de revenu	Nombres absolus			Pourcentages			Pourcentages cumulés		
	15 ans et plus	25 à 64 ans	Personnes âgées	15 ans et plus	25 à 64 ans	Personnes âgées	Ages 15+	25 à 64 ans	Personnes âgées
Total	21 304 700	14 539 600	2 932 300	100,0 %	100,0 %	100,0 %			
Aucun revenu	1 879 900	1 047 100	23 700	8,8 %	7,2 %	0,8 %	8,8 %	7,2 %	0,8 %
Revenu :									
Inférieur à 5 000 $	2 585 600	1 253 400	133 700	12,1 %	8,6 %	4,6 %	21,0 %	15,8 %	5,4 %
5 000 $-9 999 $	2 794 100	1 425 400	673 400	13,1 %	9,8 %	23,0 %	34,1 %	25,6 %	28,3 %
10 000 $-14 999 $	2 741 400	1 407 100	911 200	12,9 %	9,7 %	31,1 %	46,9 %	35,3 %	59,4 %
15 000 $-19 999 $	2 002 500	1 361 800	362 100	9,4 %	9,4 %	12,3 %	56,3 %	44,7 %	71,8 %
20 000 $-24 999 $	1 910 100	1 472 000	241 600	9,0 %	10,1 %	8,2 %	65,3 %	54,8 %	80,0 %
25 000 $-49 999 $	5 586 500	4 921 400	446 000	26,2 %	33,8 %	15,2 %	91,5 %	88,6 %	95,2 %
50 000 $-99 999 $	1 581 000	1 455 900	113 700	7,4 %	10,0 %	3,9 %	98,9 %	98,7 %	99,1 %
100 000 $ ou plus	223 800	195 500	26 900	1,1 %	1,3 %	0,9 %	100,0 %	100,0 %	100,0 %

Source : Recensement du Canada de 1991, totalisations spéciales.

Si l'on préfère, on peut comparer les personnes âgées avec la population de 25 à 64 ans, étant donné que l'ensemble de la population comprend de nombreuses personnes de 15 à 24 ans touchant un revenu faible ou nul. La proportion de personnes de 25 à 64 ans ayant un revenu de 50 000 $ ou plus se chiffre à 11,3 %; ce pourcentage est deux fois plus élevé que le pourcentage observable chez les personnes âgées (4,8 %), et il est même supérieur à celui calculé pour l'ensemble de la population (8,5 %). Par ailleurs, la proportion de personnes de 25 à 64 ans dont le revenu est inférieur à 5 000 $ (à l'exclusion d'un revenu nul) est de 8,6 %, ce qui est moins que le pourcentage de 12,1 % observé pour l'ensemble de la population, mais néanmoins presque le double du pourcentage (4,6 %) établi pour les personnes âgées. De plus, 7,2 % des personnes de 25 à 64 ans n'ont pas de revenu, ce qui est inférieur au pourcentage observé pour les personnes de tous les groupes d'âge (8,8 %), mais de beaucoup supérieur au pourcentage de 0,8 % chez les personnes âgées.

Pour résumer la situation, on peut dire que la répartition du revenu chez les personnes âgées présente un niveau de disparité moins élevé que chez les personnes de 15 ans et plus et celles de 25 à 64 ans. Notamment, la proportion de personnes âgées dans les tranches de revenu supérieures et inférieures, telles qu'elles ont été définies ci-dessus, est deux fois moindre que celle des personnes de 25 à 64 ans.

Comment le **revenu moyen** des personnes âgées se compare-t-il avec celui de l'ensemble de la population? (Les personnes sans revenu sont exclues des calculs du revenu moyen.) Chez **les hommes**, le revenu moyen augmente de façon constante, passant de 4 800 $ pour le groupe de 15 à 19 ans à 42 100 $ pour les personnes de 45 à 49 ans, avant de commencer à décliner (**tableau 6.3**). Pour les hommes de 65 à 69 ans, le revenu moyen se chiffre à 27 500 $, ce qui est bien inférieur au revenu moyen des hommes de 60 à 64 ans (32 200 $); par la suite, la moyenne tombe à 22 100 $ dans le groupe de 75 à 79 ans, puis à 18 700 $ pour les hommes de 85 ans et plus. Le revenu moyen de tous les hommes âgés est d'environ 24 500 $, soit 19 % de moins que le revenu moyen pour l'ensemble de la population de sexe masculin, qui se chiffre à 30 200 $.

Tableau 6.3
Population et revenu moyen en 1990 selon l'âge et le sexe, Canada, données du recensement de 1991

Âge	Hommes Population	Hommes Revenu moyen ($)	Femmes Population	Femmes Revenu moyen ($)	Rapport des revenus moyens : hommes/femmes
15 ans et plus	9 882 400	30 200	9 542 500	17 600	1,72
15 à 19 ans	621 200	4 800	573 100	4 100	1,18
20 à 24 ans	930 800	14 600	898 600	11 500	1,27
25 à 29 ans	1 138 000	25 600	1 073 800	18 300	1,40
30 à 34 ans	1 208 600	32 300	1 100 200	20 000	1,62
35 à 39 ans	1 105 400	37 200	1 022 600	21 600	1,72
40 à 44 ans	1 022 500	40 600	935 800	22 900	1,77
45 à 49 ans	809 500	42 100	720 500	22 500	1,87
50 à 54 ans	651 600	40 500	555 400	20 700	1,96
55 à 59 ans	588 000	37 500	491 300	18 400	2,04
60 à 64 ans	554 500	32 200	514 700	15 300	2,11
65 ans et plus	1 252 200	24 500	1 656 400	15 300	1,61
65 à 69 ans	480 600	27 500	561 500	14 800	1,85
70 à 74 ans	348 800	24 400	442 900	15 400	1,59
75 à 79 ans	237 800	22 100	334 800	15 600	1,42
80 à 84 ans	122 600	20 600	197 700	15 600	1,32
85 ans et plus	62 500	18 700	119 500	15 300	1,22

Nota : Le revenu moyen est calculé uniquement pour les personnes ayant touché un revenu (les personnes sans revenu sont exclues).

Source : Recensement du Canada de 1991, totalisations spéciales.

Chez **les femmes**, le revenu moyen passe de 4 100 $ chez les personnes de 15 à 19 ans pour atteindre 22 900 $ pour le groupe de 40 à 44 ans; ce revenu moyen maximum correspond à un peu plus de la moitié du maximum observé pour les hommes. À partir de là, le revenu moyen des femmes connaît une baisse constante, pour s'établir à 15 300 $ chez les femmes de 60 à 64 ans. Par la suite, le revenu des femmes âgées varie relativement peu : 14 800 $ pour le groupe de 65 à 69 ans, 15 600 $ pour les femmes à 75 à 79 ans et 15 300 $ pour celles de 85 ans et plus. Pour l'ensemble des femmes âgées, le revenu moyen se chiffre à

15 300 $, ce qui est inférieur de 13 % à la moyenne observée pour les femmes de tous les groupes d'âge (17 600 $). Le faible écart entre le revenu moyen des femmes âgées appartenant aux différents groupes d'âge découle du fait que les régimes de pensions de vieillesse (dont les prestations ne dépendent pas de l'âge de la personne âgée) constituent une source de revenu majeure pour de nombreuses femmes.

Comme nous l'avons vu, le revenu moyen des personnes âgées (hommes et femmes) est inférieur à celui de l'ensemble de la population; on observe en outre un écart encore plus marqué si l'on compare les personnes âgées avec les personnes de 25 à 64 ans. Cependant, si on compare le revenu moyen des personnes âgées avec celui des personnes de 25 à 64 ans, après classement croisé selon le sexe, le travail (si la personne a travaillé ou non en 1990) et le niveau de scolarité (inférieur aux études secondaires, études secondaires ou études postsecondaires), les résultats sont tout à fait différents : **dans chaque cas, le revenu moyen des personnes âgées est considérablement plus élevé (graphique 6.3)**. (Les hommes n'ayant pas terminé leurs études secondaires qui ont travaillé en 1990 constituent toutefois une exception : dans ce cas, le revenu moyen des hommes âgés est égal au revenu moyen des hommes de 25 à 64 ans.) Alors pourquoi le revenu moyen de l'ensemble des personnes âgées est-il **inférieur** à celui des personnes de 25 à 64 ans?

Comparativement aux personnes de 25 à 64 ans, les personnes âgées sont concentrées dans les catégories de faible revenu moyen **(tableau A6.3 en annexe)**. Par exemple, 35 % de tous les hommes âgés n'avaient pas terminé leurs études secondaires et n'avaient pas travaillé en 1990, comparativement à moins de 3 % des hommes de 25 à 64 ans. Ces groupes sont en outre ceux qui ont touché le revenu moyen le plus faible : 15 600 $ pour les personnes âgées et 12 200 $ pour les personnes de 25 à 64 ans. En revanche, les hommes ayant fait des études postsecondaires qui ont travaillé en 1990 représentaient seulement 8 % des personnes âgées, comparativement à 54 % de celles de 25 à 64 ans. Ces groupes ont touché le revenu moyen le plus élevé, soit 53 300 $ pour les personnes âgées et 41 800 $ pour celles de 25 à 64 ans.

La présente analyse semble indiquer que le revenu moyen des personnes âgées dans l'ensemble était inférieur à celui des personnes de 25 à 64 ans en raison des différences entre ces deux populations sur le plan du niveau de scolarité et de l'activité. Quel serait le revenu des femmes et des hommes âgés s'ils présentaient **la même répartition** que les personnes de 25 à 64 ans du même sexe? Pour répondre à cette question, les démographes utilisent une méthode appelée «normalisation». Lorsqu'on applique cette méthode, on constate que le revenu moyen des hommes âgés aurait été de 44 200 $ comparativement à leur revenu moyen réel de 24 500 $ et au revenu moyen réel de 35 500 $ des hommes de 25 à 64 ans. De même, le revenu moyen des femmes âgées aurait été de 24 500 $ comparativement à leur revenu moyen réel de 15 300 $ et au revenu moyen réel de 20 200 $ des femmes âgées de 25 à 64 ans. Donc, **le revenu moyen des personnes âgées des deux sexes aurait été supérieur** au revenu moyen des personnes âgées de 25 à 64 ans, si les deux populations présentaient la même répartition selon le niveau de scolarité et l'activité; cette constatation confirme que, de fait, les différences dans la répartition expliquent **le revenu moyen inférieur des personnes âgées**[3].

Graphique 6.3
Revenu moyen en 1990 selon le sexe, l'activité et le niveau de scolarité, personnes de 25 à 64 ans et de 65 ans et plus, Canada, données du recensement de 1991

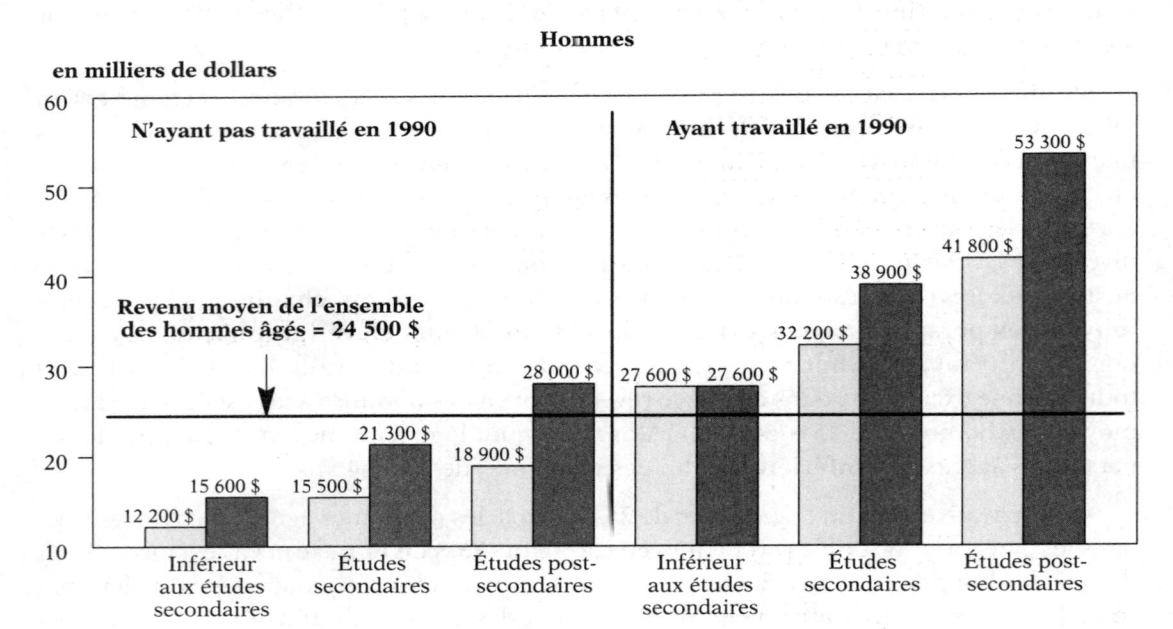

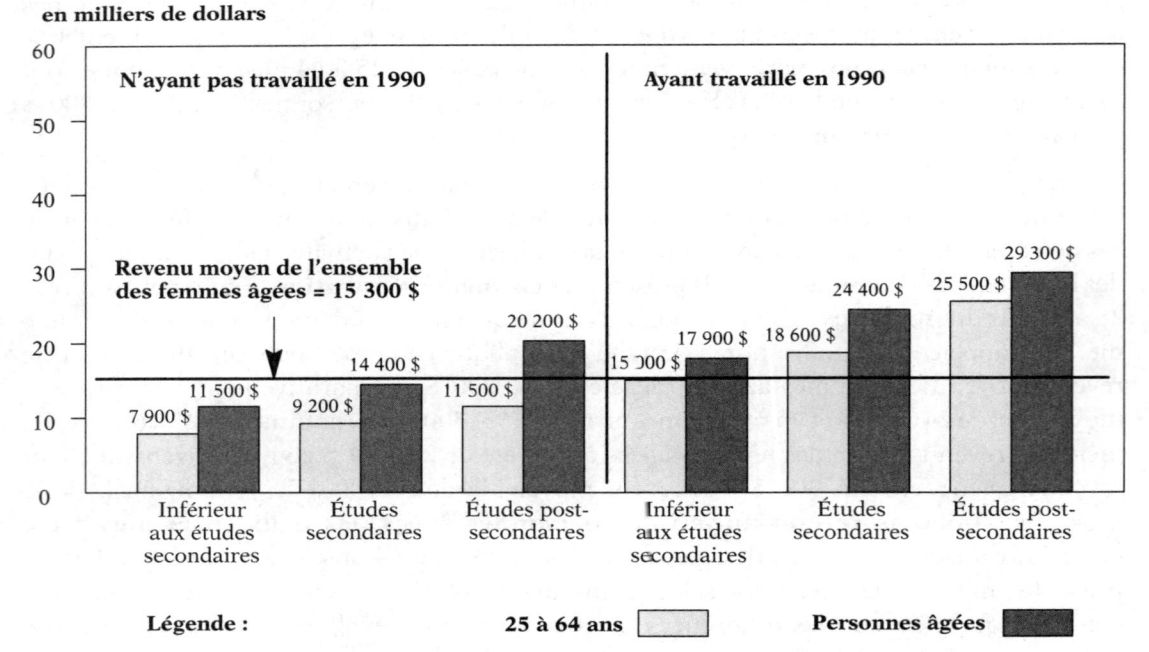

Hommes

en milliers de dollars

N'ayant pas travaillé en 1990 | Ayant travaillé en 1990

Revenu moyen de l'ensemble des hommes âgés = 24 500 $

	Inférieur aux études secondaires	Études secondaires	Études post-secondaires	Inférieur aux études secondaires	Études secondaires	Études post-secondaires
25 à 64 ans	12 200 $	15 500 $	18 900 $	27 600 $	32 200 $	41 800 $
Personnes âgées	15 600 $	21 300 $	28 000 $	27 600 $	38 900 $	53 300 $

Femmes

en milliers de dollars

N'ayant pas travaillé en 1990 | Ayant travaillé en 1990

Revenu moyen de l'ensemble des femmes âgées = 15 300 $

	Inférieur aux études secondaires	Études secondaires	Études post-secondaires	Inférieur aux études secondaires	Études secondaires	Études post-secondaires
25 à 64 ans	7 900 $	9 200 $	11 500 $	15 000 $	18 600 $	25 500 $
Personnes âgées	11 500 $	14 400 $	20 200 $	17 900 $	24 400 $	29 300 $

Légende : 25 à 64 ans ☐   Personnes âgées ■

Source : Recensement du Canada de 1991, totalisations spéciales.

Statistique Canada – n° 96-312 F au catalogue
Profil des personnes âgées au Canada

D'après ce qui précède, la tendance actuelle à la hausse du niveau de scolarité des personnes âgées **(section 6.1)** entraînera probablement **une réduction** de l'écart futur entre le revenu moyen des personnes âgées et celui de l'ensemble de la population; par ailleurs, les taux d'activité décroissants des personnes âgées **(section 6.2)** pourraient contribuer **à élargir** cet écart. Le résultat net dépendra de celui des deux facteurs qui jouera le rôle le plus important.

On peut mieux comprendre le revenu des personnes âgées lorsqu'on examine la part des diverses sources de revenu dans le revenu total. Pour des considérations d'ordre pratique, nous avons regroupé ces diverses sources en cinq catégories.

1. Emploi – salaires et traitements; revenu net provenant d'un travail autonome agricole; revenu net dans une entreprise non agricole non constituée en société ou dans l'exercice d'une profession.

2. Régimes de retraite publics – pension de sécurité de la vieillesse; SRG; Régime de pensions du Canada et Régime de rentes du Québec.

3. Placements – dividendes, intérêts, etc.

4. Régimes privés de pension – pensions de retraite et rentes (y compris les paiements reçus en vertu d'un REÉR), etc.

5. Autres sources de revenu – revenu provenant de toute source non mentionnée ci-devant, notamment les prestations d'assurance-chômage, les allocations familiales, les crédits d'impôt fédéral pour enfants, les suppléments de revenu reçus des administrations provinciales, les pensions aux anciens combattants, les pensions alimentaires, le revenu net provenant de chambreurs et de pensionnaires, les bourses d'études, etc.

Pour l'ensemble des personnes âgées, les prestations des régimes de retraite publics constituent la principale composante du revenu, représentant plus de 40 % du revenu total ou 7 800 $ **(graphique 6.4).** L'importance du revenu provenant de régimes de retraite publics varie selon le sexe et l'âge, quoiqu'il demeure la principale source de revenu dans tous les cas. Ces prestations représentent 34 % du revenu total des hommes et 48 % du revenu des femmes; elles correspondent à 38 % du revenu des personnes âgées de 65 à 74 ans et autant que 47 % du revenu des personnes âgées de 85 ans et plus.

La comparaison entre le revenu provenant de régimes de retraite publics et celui tiré de régimes privés fait ressortir des conclusions intéressantes. Les prestations de régimes de pensions privés occupent la troisième place en importance pour l'ensemble des personnes âgées, soit 3 200 $, ce qui correspond à 17 % du revenu total, mais cette importance varie selon le groupe d'âge-sexe. Ainsi, les prestations de régimes privés totalisent 5 200 $, soit 21 % du revenu total des hommes – deuxième composante du revenu en importance. Par contre, pour les femmes, elles se chiffrent à 1 740 $ seulement, soit 11 % du revenu total – troisième composante en importance. Cet écart découle des différences passées entre les hommes et les femmes sur le plan de l'activité et du revenu. De même, la part des régimes de pensions privés dans le revenu total décroît à mesure que l'âge des prestataires augmente, de

3 700 $ (27 %) pour les personnes âgées de 65 à 74 ans à 1 600 $ (10 %) pour les personnes de 85 ans et plus. Cette tendance reflète les améliorations apportées aux régimes de pensions offerts sur le marché du travail de même que le rôle croissant joué par les rentes touchées en vertu des REÉR. Si ces tendances se maintiennent, la situation des Canadiens âgés sur le plan du revenu ira probablement en s'améliorant.

Graphique 6.4
Composantes du revenu total en 1990, certains groupes de personnes selon l'âge et le sexe, Canada, données du recensement de 1991 (par 100 $ de revenu total)

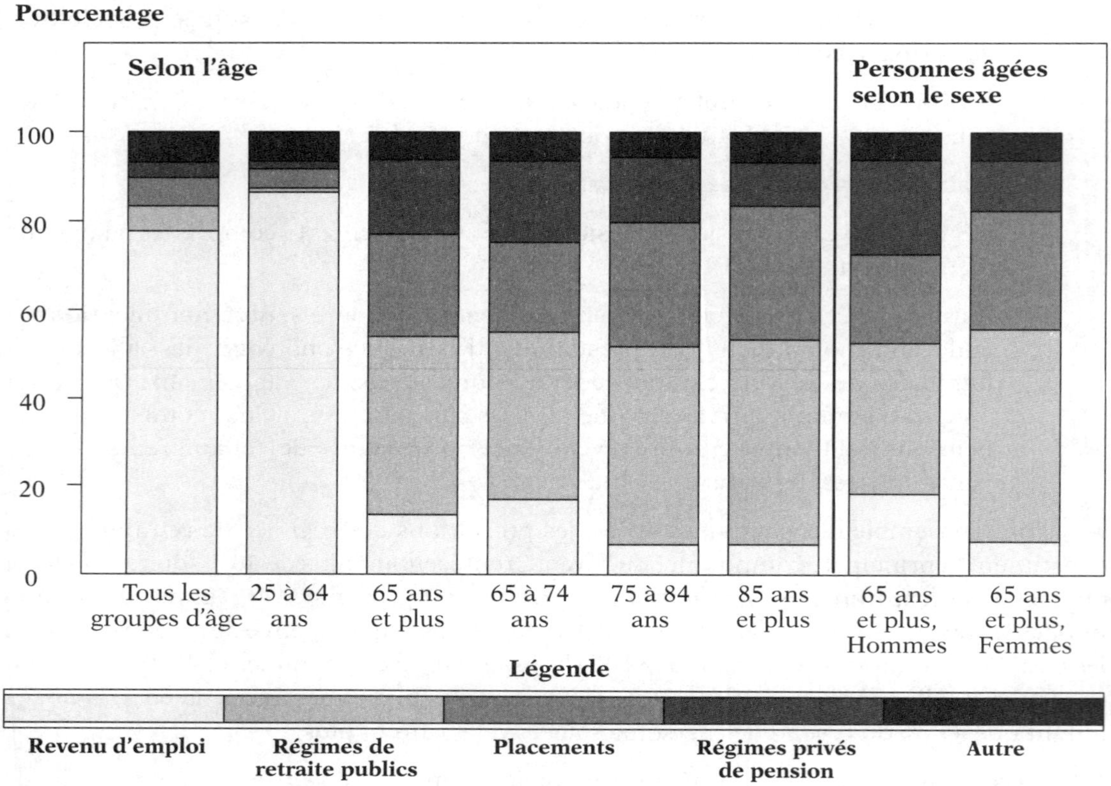

Nota : La catégorie «Tous les groupes d'âge» comprend les personnes âgées de 15 ans et plus. Se reporter au texte pour la définition des composantes du revenu.
Source : Recensement du Canada de 1991, totalisations spéciales.

Les placements représentent la deuxième source de revenu en importance pour l'ensemble des personnes âgées, les revenus obtenus s'établissant à 4 400 $, soit 23 % du revenu total. On constate des différences selon le groupe d'âge et le sexe; notamment, les revenus de placements occupent le deuxième rang en importance pour les femmes âgées mais seulement le troisième rang dans le cas des hommes âgés, après les régimes privés de pension.

Pour l'ensemble des personnes âgées, le revenu d'emploi s'établit à 2 600 $ en moyenne, soit 13 % du revenu total. Il est plus important pour les hommes que pour les femmes et pour les personnes âgées des groupes moins avancés, que pour celles des âgés plus avancés.

Jusqu'à présent, nous avons traité du revenu des particuliers. Toutefois, la situation financière d'une personne dépend souvent aussi du revenu de la famille et du ménage dont elle fait partie.

Le revenu moyen des **familles** âgées est inférieur de 21 % à celui de l'ensemble des familles; dans le cas des **ménages** âgés, il est inférieur de 23 % **(tableau 6.4).** Ces écarts sont du même ordre que l'écart de 20 % observé pour le revenu des particuliers. Toutefois, comme nous l'avons mentionné à la section 5.3, la taille moyenne des familles âgées (2,0 personnes) et des ménages âgés (2,2 personnes) est beaucoup plus petite que la taille moyenne de l'ensemble des familles et des ménages au Canada (3,1 personnes par famille et 2,7 personnes par ménage). De ce fait, **le revenu moyen par personne pour les familles âgées et les ménages âgés était supérieur au revenu moyen par personne pour l'ensemble des ménages et des familles au Canada**; 11 % de plus dans le cas des familles et 3 % de plus dans le cas des ménages.

Tableau 6.4
Revenu moyen en 1990 des particuliers, des familles et des ménages, personnes âgées par rapport à l'ensemble des personnes, Canada, données du recensement de 1991

Univers	Groupe d'âge	Effectif	Revenu moyen (en dollars)	Revenu moyen par personne (en dollars)	Rapport du revenu : personnes âgées/population totale (en %) Revenu moyen	Rapport du revenu : personnes âgées/population totale (en %) Revenu moyen par personne	Nombre de personnes par ménage ou par famille
Particuliers	Ensemble des personnes (de 15 ans et plus)	19 424 900	24 000	24 000	80,1 %	80,1 %	s.o.
	Personnes âgées de 65 ans et plus	2 908 600	19 200	19 200			s.o.
Familles	Ensemble des familles	7 355 700	51 300	16 700	79,1 %	110,6 %	3,07
	Familles âgées	1 028 800	40 600	18 500			2,19
Ménages	Ensemble des ménages	10 018 300	46 100	17 300	77,1 %	103,2 %	2,67
	Ménages âgés	2 161 300	35 600	17 800			1,99

Nota : Par «famille âgée», on entend une famille dont au moins un des membres suivants est une personne âgée : époux, épouse, partenaire en union libre, parent seul. Les «ménages âgés» sont ceux qui comptent au moins une personne âgée.
Source : Recensement du Canada de 1991, totalisations spéciales.

6.4 Dépenses des personnes âgées

Les données sur les dépenses, recueillies dans le cadre du recensement de 1991, se limitaient aux coûts d'habitation. Statistique Canada a obtenu des renseignements plus détaillés par le biais de l'Enquête sur les dépenses des familles de 1990. Cette enquête a toutefois été réalisée auprès d'un échantillon de familles dans 17 régions métropolitaines; ses résultats ne sont donc pas entièrement comparables à ceux du recensement. Pour éviter les difficultés d'ordre méthodologique, l'analyse présentée à la section 6.4 est fondée uniquement sur les données de l'enquête, alors que les données du recensement de 1991 seront utilisées dans le chapitre 7 portant sur les logements[4].

Dans le cas des ménages âgés, les données de l'enquête de 1990 révèlent que les coûts d'habitation constituent la catégorie de dépense la plus importante parmi les 14 catégories à l'étude, représentant 21 cents sur chaque dollar dépensé **(tableau 6.5)**. Quatre autres catégories sont dignes de mention : les impôts personnels (17 %), la nourriture (14 %), les dons et contributions (11 %) et le transport (10 %). Ensemble, ces catégories représentent 73 % des dépenses des ménages âgés.

Les catégories qui présentent une différence marquée par rapport à l'ensemble des ménages (au moins trois points de pourcentage de différence) sont celles des dons et contributions, des impôts personnels et des coûts d'habitation. Les ménages âgés consacrent un montant équivalent à 11 % de leurs dépenses totales aux dons et contributions, comparativement à 4 % seulement pour l'ensemble des ménages. En revanche, les impôts personnels représentent 17 % des dépenses des ménages âgés, contre 22 % des dépenses de l'ensemble des ménages. Les coûts d'habitation sont plus élevés – 21 % contre 17 %.

Le fait que les personnes âgées dépensent relativement plus que la population globale pour les dons et contributions est confirmé par ce qu'on observe généralement. L'écart entre les ménages âgés et l'ensemble des ménages au chapitre des impôts personnels s'explique en partie du fait que le revenu moyen des ménages âgés est inférieur à celui de l'ensemble des ménages (29 900 $ contre 49 200 $) et en partie par les déductions fiscales dont profitent les personnes âgées (déduction en raison de l'âge accordée aux personnes âgées aux fins de l'impôt fédéral). Pour comprendre pourquoi les coûts d'habitation représentent une proportion plus forte des dépenses des ménages âgés (21 %) comparativement à l'ensemble des ménages (17 %), examinons les ménages des couples mariés **(tableau 6.5, colonnes 3 et 4)**. Dans ce groupe de ménages, les coûts d'habitation forment une proportion presque équivalente des dépenses des ménages âgés (17 %) et de l'ensemble des ménages (16 %). Ce fait indique que, généralement, les coûts d'habitation correspondent à une part plus importante des dépenses des ménages âgés parce qu'une proportion assez forte de ces ménages se compose de ménages qui ne comptent qu'une seule personne (dans les ménages comptant une seule personne, les coûts d'habitation étaient relativement élevés comparativement aux dépenses totales; la raison en est que si les dépenses liées à certains éléments comme l'alimentation et l'habillement varient plus ou moins proportionnellement à la taille du ménage, les coûts d'habitation ne changent pas).

Tableau 6.5
Dépenses des ménages selon la catégorie de dépenses, ensemble des ménages et ménages âgés, Canada, 1990

Catégorie de dépenses	Toutes les catégories de ménage		Ménages comptant un couple marié	
	Ensemble des ménages (1)	Ménages âgés (2)	Ensemble des ménages (3)	Ménages âgés (4)
	Dépenses en dollars			
Alimentation	5 980 $	3 990 $	7 040 $	5 170 $
Logement	8 230 $	5 960 $	9 200 $	6 660 $
Entretien du ménage	1 910 $	1 110 $	2 250 $	1 340 $
Articles et accessoires d'ameublement	1 430 $	770 $	1 760 $	1 120 $
Habillement	2 600 $	1 250 $	3 090 $	1 720 $
Transport	5 600 $	2 840 $	6 810 $	4 480 $
Soins de santé	850 $	700 $	970 $	940 $
Soins personnels	890 $	560 $	1 040 $	710 $
Loisirs	2 360 $	1 320 $	2 850 $	2 140 $
Matériel de lecture, éducation et autres	1 990 $	980 $	2 320 $	1 370 $
Produits du tabac et boissons alcoolisées	1 280 $	640 $	1 470 $	850 $
Consommation courante totale	**33 100 $**	**20 130 $**	**38 790 $**	**26 500 $**
Impôts personnels	10 630 $	4 810 $	13 510 $	6 680 $
Sécurité	2 110 $	630 $	2 720 $	1 170 $
Dons et contributions	1 730 $	3 050 $	2 040 $	4 770 $
Dépenses totales	**47 580 $**	**28 610 $**	**57 060 $**	**39 110 $**
Revenu total (avant impôt)	**49 190 $**	**29 950 $**	**59 940 $**	**40 190 $**

Statistique Canada – n° 96-312 F au catalogue
Profil des personnes âgées au Canada

Tableau 6.5
Dépenses des ménages selon la catégorie de dépenses, ensemble des ménages et ménages âgés, Canada, 1990 (fin)

Catégorie de dépenses	Toutes les catégories de ménage		Ménages comptant un couple marié	
	Ensemble des ménages (1)	Ménages âgés (2)	Ensemble des ménages (3)	Ménages âgés (4)
	Pourcentage (dépenses totales = 100 %)			
Alimentation	12,6 %	13,9 %	12,3 %	13,2 %
Logement	17,3 %	20,8 %	16,1 %	17,0 %
Entretien du ménage	4,0 %	3,9 %	3,9 %	3,4 %
Articles et accessoires d'ameublement	3,0 %	2,7 %	3,1 %	2,9 %
Habillement	5,5 %	4,4 %	5,4 %	4,4 %
Transport	11,8 %	9,9 %	11,9 %	11,5 %
Soins de santé	1,8 %	2,4 %	1,7 %	2,4 %
Soins personnels	1,9 %	2,0 %	1,8 %	1,8 %
Loisirs	5,0 %	4,6 %	5,0 %	5,5 %
Matériel de lecture, éducation et autres	4,2 %	3,4 %	4,1 %	3,5 %
Produits du tabac et boissons alcoolisées	2,7 %	2,2 %	2,6 %	2,2 %
Consommation courante totale	**69,6 %**	**70,4 %**	**68,0 %**	**67,8 %**
Impôts personnels	22,3 %	16,8 %	23,7 %	17,1 %
Sécurité	4,4 %	2,2 %	4,8 %	3,0 %
Dons et contributions	3,6 %	10,7 %	3,6 %	12,2 %
Dépenses totales	**100,0 %**	**100,0 %**	**100,0 %**	**100,0 %**
Dépenses/revenu	96,7 %	95,5 %	95,2 %	97,3 %

Nota : Les données ont été recueillies auprès d'un échantillon de ménages dans 17 régions métropolitaines. Les «ménages âgés» dans la colonne 2 sont ceux dans lesquels l'époux ou la personne de référence est âgé de 65 ans et plus. Les «ménages âgés» de la colonne 4 sont ceux dans lesquels l'époux est âgé de 65 ans et plus.

Source : Statistique Canada, ***Dépenses des familles au Canada***, Ottawa, ISTC, 1992, n° 62-555 au catalogue, tableaux 6 et 12a.

Chapitre 7

Les personnes âgées et le logement : la plupart sont propriétaires et sans emprunt hypothécaire

Les données sur les logements sont importantes pour l'étude de la situation des personnes âgées au Canada, parce qu'elles mettent en lumière certains aspects tels que l'accessibilité à des logements à coût abordable. Le chapitre 7 traite de trois des nombreuses variables pertinentes à cet égard : le type de logement, le mode d'occupation du logement et les coûts d'habitation. Dans les pages qui suivent, l'expression «logement de ménage âgé» désigne un logement occupé par un ménage comptant au moins une personne âgée (ménage âgé). Un logement occupé par un ménage ne comptant pas de personne âgée (ménage non âgé) est appelé «logement de ménage non âgé».

Les dix millions de ménages canadiens peuvent être classés selon trois types de logements : les maisons individuelles non attenantes, les appartements dans les tours d'habitation (cinq étages ou plus) et tous les autres logements. En 1991, la majorité des ménages canadiens (57 %) vivaient dans un logement individuel non attenant; le pourcentage de ménages âgés et le pourcentage de ménages non âgés sont très semblables. En revanche, on observe une nette différence dans le cas des appartements dans les tours d'habitation : 14 % des logements de ménage âgé se classent dans cette catégorie, contre seulement 8 % des logements de ménage non âgé.

Si l'on considère l'ensemble des ménages canadiens, on peut observer que 63 % d'entre eux sont propriétaires de leur logement et que 37 % le louent. Dans le cas des ménages âgés, 32 % habitent un logement loué, contre 39 % des ménages non âgés. Le pourcentage de ménages âgés qui sont propriétaires de leur logement est plus élevé que le pourcentage de ménages non âgés, soit 68 % contre 61 %.

Comparativement aux locataires âgés, les propriétaires âgés assument des coûts d'habitation beaucoup plus bas et touchent un revenu considérablement plus élevé. En conséquence, les propriétaires âgés consacrent 11 % du revenu du ménage au logement, alors que les locataires âgés en consacrent 25 % **(tableau 7.1, section A)**. L'écart est beaucoup moins considérable entre les propriétaires et les locataires non âgés, soit 15 % contre 20 %.

Chez les propriétaires, on peut faire la distinction entre ceux qui ont un emprunt hypothécaire à rembourser et ceux qui n'en ont pas. Sur le 1,4 million de logements de ménage âgé qui sont possédés, 1,2 million (84 %) ne sont pas grevés d'une hypothèque; seulement 38 % des logements de ménage non âgé ne sont pas grevés d'une hypothèque. Les ménages âgés qui n'ont pas d'emprunt hypothécaire à rembourser consacrent une petite fraction de leur revenu au logement, soit 8 % contre 23 % dans le cas des ménages âgés ayant une hypothèque **(tableau 7.1, section B)**. Le pourcentage du revenu du ménage consacré au logement par les propriétaires âgés qui remboursent un emprunt hypothécaire (23 %) se rapproche de celui des locataires âgés (25 %). En conséquence, la distinction qu'il importe de faire n'est pas entre les logements loués et les logements possédés, mais entre les logements non grevés d'une hypothèque et les autres logements. De même, parmi les ménages non âgés, les propriétaires n'ayant pas d'hypothèque consacrent 6 % de leur revenu au logement, alors que les propriétaires ayant une hypothèque et les locataires y consacrent chacun plus de 20 %. Cependant, on remarque une différence majeure entre les personnes âgées et les personnes non âgées : plus de la moitié de tous les ménages âgés (56 %) habitent dans un logement non grevé d'une hypothèque, comparativement à moins du quart de tous les ménages non âgés (23 %).

Tableau 7.1
Certaines données sur les coûts d'habitation (1990) pour les ménages âgés et les ménages non âgés, Canada, données du recensement de 1991

A – Coûts d'habitation et revenu moyen des propriétaires et des locataires

	Ensemble des ménages			Ménages âgés			Ménages non âgés		
	Propriétaires et locataires	Propriétaires	Locataires	Propriétaires et locataires	Propriétaires	Locataires	Propriétaires et locataires	Propriétaires	Locataires
Coûts d'habitation des propriétaires et des locataires	7 600 $	8 200 $	6 600 $	5 000 $	4 600 $	6 000 $	8 300 $	9 300 $	6 700 $
Revenu annuel moyen des ménages	46 600 $	55 800 $	31 300 $	35 500 $	41 200 $	23 800 $	49 600 $	60 300 $	33 000 $
Coûts d'habitation exprimés en pourcentage du revenu	16,3 %	14,7 %	20,9 %	14,2 %	11,1 %	25,0 %	16,7 %	15,4 %	20,3 %

B – Principales dépenses de propriété des ménages avec et sans hypothèque

	Ensemble des ménages			Ménages âgés			Ménages non âgés		
	Ensemble des propriétaires	Avec hypothèque	Sans hypothèque	Ensemble des propriétaires	Avec hypothèque	Sans hypothèque	Ensemble des propriétaires	Avec hypothèque	Sans hypothèque
Nombre de ménages propriétaires (millions)	6,0	3,1	2,9	1,4	0,2	1,2	4,6	2,9	1,7
Nombre de ménages exprimé en pourcentage de l'«ensemble des propriétaires»	100,0 %	51,5 %	48,5 %	100,0 %	16,1 %	83,9 %	100,0 %	62,4 %	37,6 %
Principales dépenses de propriété par année	8 200 $	12 700 $	3 400 $	4 600 $	11 700 $	$3 200	9 300 $	12 700 $	3 500 $
Revenu annuel moyen des ménages	55 800 $	59 500 $	51 800 $	41 200 $	50 700 $	$39 400	60 300 $	60 200 $	60 300 $
Principales dépenses de propriété exprimées en pourcentage du revenu	14,7 %	21,3 %	6,6 %	11,1 %	23,0 %	8,2 %	15,4 %	21,2 %	5,9 %

Nota : Par «coûts d'habitation», on entend : (1) pour les logements loués – le loyer brut, c.-à-d. le loyer en argent et les paiements pour les services publics et les services municipaux; (2) pour les logements possédés – les principales dépenses de propriété, c.-à-d. les paiements pour les services publics, les services municipaux, l'hypothèque, les taxes municipales et scolaires ainsi que les charges de copropriété.

Les données excluent les ménages demeurant dans les réserves indiennes.

Source : Recensement du Canada de 1991, totalisations spéciales.

Statistique Canada – n° 96-312 F au catalogue
Profil des personnes âgées au Canada

Chapitre 8

La santé des personnes âgées : leur espérance de vie est plus longue que jamais

Pour les personnes âgées, la santé est un des aspects les plus importants de leur bien-être global. Non seulement le maintien des personnes en santé est-il un des objectifs de la société, mais il en coûte très cher lorsque cet objectif n'est pas atteint. Le chapitre 8 permet d'examiner trois aspects liés à la santé : la mortalité et la maladie, l'incapacité ainsi que la qualité de vie. Le recensement ne recueille pas de données sur ces sujets, mais Statistique Canada obtient de l'information à partir d'enquêtes spéciales et de dossiers administratifs, comme la statistique de l'état civil.

8.1 Décès et maladie : espérance de vie, cause de décès, hospitalisations

L'espérance de vie représente l'indicateur le plus courant de la mortalité dans une population donnée et, par conséquent, des conditions de santé qui prévalent. En 1990, l'espérance de vie des personnes de 65 ans était de 15,4 ans pour les hommes et de 19,6 ans pour les femmes **(tableau 8.1)**. Entre 1921 et 1990, elle a augmenté de 2,3 ans chez les hommes et de 6,1 ans chez les femmes. Cette hausse s'est surtout fait sentir après 1951 : depuis cette année-là, l'espérance de vie des personnes de 65 ans s'est accrue de 2,1 ans pour les hommes et de 4,6 ans pour les femmes.

À mesure que l'espérance de vie à 65 ans augmentait, l'écart entre les hommes et les femmes s'élargissait : en 1921, l'espérance de vie des femmes était supérieure de 0,5 an à celle des hommes; en 1951, l'écart est passé à 1,7 an, puis à 4,2 ans en 1990.

Des tendances similaires, bien qu'à une moindre échelle, sont observables pour les personnes âgées d'âge différent. L'espérance de vie des hommes de 85 ans n'a augmenté que de 1,1 an entre 1921 et 1990, alors que le chiffre correspondant pour les femmes est de 2,4 ans. En outre, l'écart entre les hommes et les femmes au chapitre de l'espérance de vie en 1990 n'est que de 1,5 an à l'âge de 85 ans, comparativement à 4,2 ans à 65 ans.

Pour mettre ces chiffres dans leur contexte, mentionnons qu'entre 1921 et 1990, l'espérance de vie à la naissance a grimpé de 58,8 ans à 73,9 ans pour les hommes (hausse de 15,1 ans) et de 60,6 ans à 80,5 ans pour les femmes (majoration de 19,9 ans). L'écart de 1,8 an entre les sexes qui existait en 1921 est passé à 6,6 ans en 1990. En conséquence, si l'on considère le nombre d'années qui se sont ajoutées à l'espérance de vie, la baisse de la mortalité observée depuis le début du siècle a profité davantage aux femmes qu'aux hommes, et davantage aux jeunes qu'aux personnes âgées. (L'évolution des taux de mortalité entre 1921 et 1989 illustre encore mieux le fait que les jeunes ont profité davantage de la baisse de la mortalité : chez les personnes de 1 à 4 ans, le taux de mortalité a chuté de près de 95 %, ayant passé de 7,4 décès pour 1 000 habitants à 0,4; pour les personnes de 65 à 69 ans, le taux de mortalité n'a diminué que de 40 %, de 33,3 à 19,7 décès[1].)

Tableau 8.1
Espérance de vie à certains âges selon le sexe, Canada, 1920-1922 à 1989-1991

Période	Âge 0	Âge 65	Âge 75	Âge 85
A: Hommes				
1920-1922	58,8	13,0	7,6	4,1
1925-1927	60,5	13,3	7,8	4,2
1930-1932	60,0	13,0	7,6	4,1
1935-1937	61,3	13,0	7,6	4,3
1940-1942	63,0	12,8	7,5	4,1
1945-1947	65,1	13,2	7,9	4,4
1950-1952	66,4	13,3	7,9	4,3
1955-1957	67,7	13,4	8,0	4,4
1960-1962	68,4	13,6	8,2	4,6
1965-1967	68,7	13,6	8,3	4,6
1970-1972	69,4	13,8	8,5	5,0
1975-1977	70,3	14,0	8,7	5,1
1980-1982	71,9	14,6	9,0	5,2
1985-1987	73,0	14,9	9,1	5,1
1989-1991	73,9	15,4	9,4	5,2
B: Femmes				
1920-1922	60,6	13,6	8,0	4,3
1925-1927	62,3	14,0	8,1	4,2
1930-1932	62,1	13,7	8,0	4,4
1935-1937	63,7	13,9	8,1	4,6
1940-1942	66,3	14,1	8,2	4,4
1945-1947	68,6	14,6	8,6	4,6
1950-1952	70,9	15,0	8,8	4,7
1955-1957	73,0	15,6	9,1	5,0
1960-1962	74,3	16,1	9,5	5,0
1965-1967	75,3	16,8	10,0	5,3
1970-1972	76,5	17,6	10,7	5,9
1975-1977	77,7	18,2	11,3	6,3
1980-1982	79,1	18,9	11,9	6,6
1985-1987	79,7	19,1	11,9	6,4
1989-1991	80,5	19,6	12,3	6,7
C : Écart entre les femmes et les hommes				
1920-1922	1,8	0,5	0,4	0,3
1925-1927	1,9	0,7	0,3	0,0
1930-1932	2,1	0,7	0,4	0,3
1935-1937	2,3	0,9	0,5	0,2
1940-1942	3,3	1,3	0,7	0,3
1945-1947	3,6	1,4	0,7	0,3
1950-1952	4,5	1,7	0,9	0,4
1955-1957	5,3	2,2	1,1	0,5
1960-1962	5,8	2,6	1,3	0,4
1965-1967	6,5	3,2	1,7	0,7
1970-1972	7,0	3,8	2,2	0,9
1975-1977	7,4	4,2	2,6	1,2
1980-1982	7,2	4,4	2,9	1,4
1985-1987	6,7	4,2	2,8	1,3
1989-1991	6,6	4,2	2,9	1,5

Nota : La table de mortalité de 1920-1922 est fondée sur les décès survenus entre 1920 et 1922; dans le texte, elle est appelée «table de mortalité de 1921». Une note similaire à celle-ci s'applique également aux autres années présentées.
La table de mortalité de 1920-1922 exclut le Québec.

Source : Pour les tables de mortalité de 1921 à 1981 : Nagnur, D., ***Longévité et tables de mortalité chronologiques***, 1921-1981, Ottawa, ASC, 1986, n° 89-506 au catalogue.
Pour les tables de mortalité de 1986 : Statistique Canada/CCIS, Tables de mortalité abrégées non publiées pour 1986, version officielle.
Les données de 1990 sont tirées d'une table de mortalité non officielle établie par la Division de la démographie de Statistique Canada.

L'incidence de la mortalité sur les personnes âgées, par rapport à l'ensemble de la population, est illustrée par les statistiques sur les décès pour 1989 **(tableau A8.1 en annexe)**. Les taux de mortalité dans l'ensemble de la population se chiffrent à 8,1 pour 1 000 chez les hommes et à 6,5 pour 1 000 chez les femmes; dans le cas des personnes âgées, ces taux sont de six à sept fois plus élevés, soit 56,7 pour les hommes et 39,7 pour les femmes. En nombres absolus, on a dénombré 104 000 hommes et 87 000 femmes qui sont décédés en 1989. Parmi ceux-ci, 70 000 hommes (67 %) et 69 000 femmes (79 %) étaient des personnes âgées, bien que les personnes âgées représentent seulement 10 % des hommes et 13 % des femmes dans l'ensemble de la population.

Tant dans l'ensemble de la population que parmi les personnes âgées, les taux de mortalité sont considérablement plus élevés chez les hommes que chez les femmes. De plus, les taux de mortalité des personnes âgées affichent une forte hausse d'un groupe d'âge à l'autre, et ils sont plus élevés chez les hommes, peu importe le groupe d'âge. Ainsi, chez les hommes, le taux de mortalité grimpe de 26,9 pour 1 000 dans le groupe de 65 à 69 ans à 65,8 dans le groupe de 75 à 79 ans, avant d'atteindre 187,8 dans le groupe de 85 ans et plus. Chez les femmes, les taux correspondants sont de 13,6; 36,8 et 141,2 respectivement.

En 1989, les maladies de l'appareil circulatoire (y compris les maladies du coeur) et le cancer constituaient les principales causes de décès pour les personnes âgées et l'ensemble de la population, tant chez les hommes que chez les femmes. Dans le cas des personnes âgées, ces causes sont à l'origine de 72 % des décès chez les hommes et de 71 % des décès chez les femmes.

Les maladies de l'appareil circulatoire constituent la plus importante cause de décès non seulement pour l'ensemble des personnes âgées, mais aussi pour les hommes et les femmes âgés dans chacun des groupes d'âge de 65 à 69 ans, de 70 à 74 ans, de 75 à 79 ans, de 80 à 84 ans et de 85 ans et plus; elles sont habituellement à l'origine de 40 % ou plus de tous les décès. Les femmes âgées de 65 à 69 ans font toutefois exception : dans ce groupe, le cancer est la principale cause de décès, et les maladies de l'appareil circulatoire sont à l'origine de 34 % des décès. Pour les personnes des deux sexes, les taux de mortalité attribuables au cancer et aux maladies de l'appareil circulatoire augmentent avec l'âge, bien qu'à un rythme beaucoup plus lent dans le cas du cancer. En conséquence, la proportion de décès dus au cancer se trouve dans les faits à diminuer avec l'âge chez les personnes âgées. Ainsi, chez les hommes de 65 à 69 ans, le cancer est la cause de 36 % des décès, comparativement à 41 % dans le cas des maladies de l'appareil circulatoire. Chez les hommes de 85 ans et plus, 17 % des décès sont attribuables au cancer, alors que les maladies de l'appareil circulatoire sont à l'origine de 48 % des décès. Une tendance similaire, qui est même plus prononcée, est également observable chez les femmes.

En ce qui touche les politiques et la planification en matière de santé publique, les données sur les maladies (statistiques de morbidité) sont tout aussi importantes que les statistiques de mortalité, même si on les cite moins souvent. L'une des mesures des maladies et des accidents graves est le nombre de jours que les gens passent à l'hôpital pour des raisons précises **(tableau A8.2 en annexe)**. Au cours de l'exercice 1989-1990, les hommes de tous les groupes d'âge ont passé 17,7 millions de jours à l'hôpital, contre 9,4 millions de jours dans le cas des hommes de 65 ans et plus. Donc, 53 % des jours d'hospitalisation pour l'ensemble des hommes sont associés à des hommes âgés, ce qui est cinq fois supérieur à la proportion d'hommes âgés dans l'ensemble de la population masculine (10 %). Les femmes en général ont passé 23,7 millions de jours à l'hôpital, contre 13,5 millions de jours dans le cas des femmes âgées. Ces femmes âgées sont donc associées à 57 % des jours d'hospitalisation pour toutes les femmes, alors qu'elles représentent seulement 13 % de l'ensemble de la population féminine.

Pour les hommes de tous les groupes d'âge, la durée moyenne de l'hospitalisation se chiffre à 1,4 jour par personne, comparativement à 1,8 pour les femmes. Chez les personnes âgées, le séjour moyen est de 7,5 jours pour les hommes et de 7,7 jours pour les femmes. Le séjour moyen des femmes est plus long dans les deux groupes, mais l'écart entre les sexes est plus mince dans le cas des personnes âgées.

Les deux groupes d'âge pour lesquels des données sur l'hospitalisation sont publiées (65 à 74 ans et 75 ans et plus) présentent des différences marquées. Le séjour moyen des hommes de 65 à 74 ans est de 4,9 jours, contre 12,1 jours pour les hommes de 75 ans et plus. Les moyennes correspondantes pour les femmes sont de 4,0 et de 12,7 jours respectivement.

Les maladies de l'appareil circulatoire constituent la principale cause d'hospitalisation chez les personnes âgées des deux sexes; elles sont à l'origine de 28 % des jours d'hospitalisation des hommes âgés, et de 27 % des jours d'hospitalisation des femmes. Le cancer se classe en deuxième place, avec 11 % des jours d'hospitalisation pour les hommes et 8 % pour les femmes. Les autres principales causes d'hospitalisation chez les personnes âgées comprennent les maladies de l'appareil respiratoire, les troubles mentaux et les maladies du système nerveux.

8.2 Incapacité

À partir des données de l'Enquête de 1991 sur la santé et les limitations d'activités (ESLA)[2], Statistique Canada a estimé que 1,4 million de personnes âgées (46 %) ont une incapacité, même légère. À titre de comparaison, seulement 15 % de la population a une certaine incapacité. Cet écart démontre le fait que le taux d'incapacité augmente avec l'âge **(graphique 8.1)**. Moins de quatre personnes sur dix (37 %) ont une incapacité dans le groupe d'âge de 65 à 74 ans, contre plus de huit sur dix (84 %) pour le groupe de 85 ans et plus. Fait intéressant à noter, dans les groupes de 75 à 84 ans et de 85 ans et plus, les taux d'incapacité des hommes sont légèrement inférieurs à ceux des femmes. La raison de cette différence est peut-être qu'à l'intérieur de ces groupes d'âge, les femmes sont plus concentrées que les hommes dans la tranche supérieure.

Graphique 8.1
Taux d'incapacité par âge, Canada, 1991

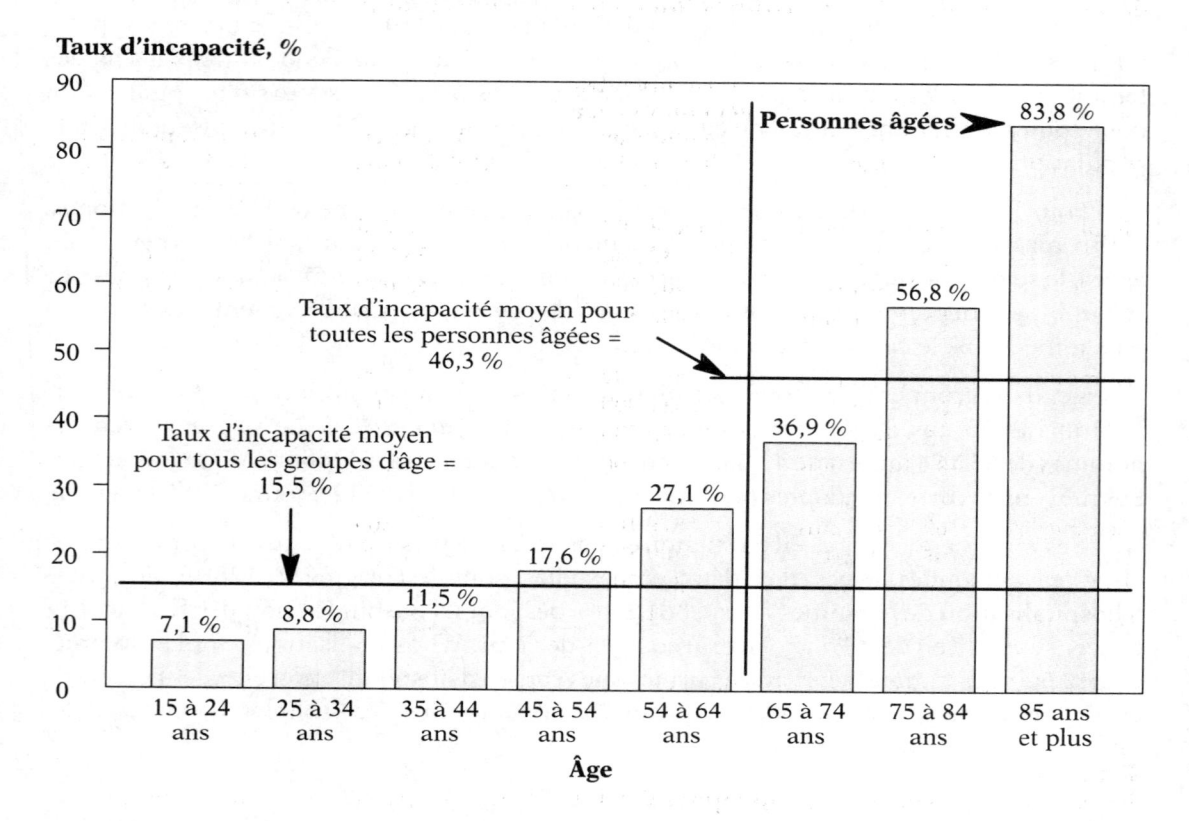

Taux d'incapacité, %

Âge	Taux
15 à 24 ans	7,1 %
25 à 34 ans	8,8 %
35 à 44 ans	11,5 %
45 à 54 ans	17,6 %
54 à 64 ans	27,1 %
65 à 74 ans	36,9 %
75 à 84 ans	56,8 %
85 ans et plus	83,8 %

Taux d'incapacité moyen pour toutes les personnes âgées = 46,3 %

Taux d'incapacité moyen pour tous les groupes d'âge = 15,5 %

Nota : Taux d'incapacité pour le groupe d'âge x = (personnes ayant une incapacité, groupe d'âge x)/(population totale, groupe d'âge x)
Source : Statistique Canada, ESLA, totalisations spéciales.

La proportion d'hommes et de femmes âgés ayant une incapacité qui vivent dans un établissement de soins de santé augmente rapidement avec l'âge. Ainsi, seulement 4,5 % des hommes de 65 à 74 ans qui ont une incapacité vivent en établissement, contre 37,0 % dans le cas des hommes de 85 ans et plus **(tableau 8.2)**. Chez les femmes, la hausse est encore plus forte, soit de 4,7 % à 49,5 %. Là encore, l'écart entre les hommes et les femmes peut être lié au fait que, dans chaque groupe d'âge, la structure par âge des femmes est plus vieille que celle des hommes. Les données sur les personnes âgées qui vivent en établissement selon l'âge sont particulièrement importantes à cause des coûts associés à la vie en établissement et du vieillissement de la population canadienne **(chapitre 3)**.

La gravité de l'incapacité augmente aussi considérablement avec l'âge. Dans le groupe des personnes de 65 à 74 ans, moins du cinquième (19,5 %) de ces personnes ont une incapacité considérée comme «grave», comparativement à plus des trois cinquièmes (63,3 %) des personnes dans le groupe de 85 ans et plus **(tableau 8.3)**.

Tableau 8.2
Pourcentage de personnes âgées ayant une incapacité qui vivent dans un établissement de soins de santé selon l'âge et le sexe, Canada, 1991

Sexe	Âge	Ensemble des personnes âgées ayant une incapacité	Vivant en établissement	Pourcentage en établissement
Total	65 ans et plus	1 448 900	212 900	14,7 %
	65 à 74 ans	732 700	33 900	4,6 %
	75 à 84 ans	507 800	83 000	16,4 %
	85 ans et plus	208 300	96 000	46,1 %
Hommes	65 ans et plus	569 700	61 100	10,7 %
	65 à 74 ans	331 900	14 900	4,5 %
	75 à 84 ans	180 700	25 100	13,9 %
	85 ans et plus	57 200	21 200	37,0 %
Femmes	65 ans et plus	879 100	151 800	17,3 %
	65 à 74 ans	400 800	19 000	4,7 %
	75 à 84 ans	327 200	57 900	17,7 %
	85 ans et plus	151 100	74 800	49,5 %

Source : Statistique Canada, totalisations spéciales de l'ESLA.

Tableau 8.3
Personnes âgées ayant une incapacité selon l'âge et la gravité de l'incapacité, Canada, 1991

Groupe d'âge	Total	Incapacité «grave»	Incapacité «moyenne»	Incapacité «légère»
A. Nombres absolus				
65 ans et plus	1 448 900	470 000	470 700	508 100
65 à 74 ans	732 700	142 700	253 600	336 500
75 à 84 ans	507 800	195 600	163 100	149 100
85 ans et plus	208 300	131 800	54 000	22 500
B. Pourcentages				
65 ans et plus	100,0 %	32,4 %	32,5 %	35,1 %
65 à 74 ans	100,0 %	19,5 %	34,6 %	45,9 %
75 à 84 ans	100,0 %	38,5 %	32,1 %	29,4 %
85 ans et plus	100,0 %	63,3 %	25,9 %	10,8 %

Source : Statistique Canada, *Le Quotidien*, 13 octobre 1992, Ottawa, ISTC, n° 11-001 au catalogue, p. 11.

Les données sur l'incapacité jettent une lumière nouvelle sur l'espérance de vie des personnes âgées grâce au concept d'«espérance de santé»[3]. En 1986, l'espérance de vie à 65 ans était de 14,9 ans pour les hommes et de 19,1 ans pour les femmes **(tableau 8.1)**. L'espérance de santé permet de répondre à la question suivante : en moyenne, combien d'années une personne âgée vivra-t-elle (i) sans avoir d'incapacité; (ii) avec une incapacité mais en étant autonome pour toutes les activités; (iii) en étant dépendante pour «quelques activités» (p. ex., gros travaux ménagers, épicerie); (iv) en étant «assez dépendante» (p. ex., pour sortir, faire des petits travaux ménagers ou préparer les repas); (v) en étant «très dépendante» (p. ex., soins personnels ou déplacements dans la maison); (vi) en étant pensionnaire dans un établissement institutionnel? Voici ce que montrent les données de 1986.

	Hommes	**Femmes**
Espérance de vie à 65 ans (en années)	14,9	19,1
Espérance de santé à 65 ans (en années) :		
Aucune incapacité	8,1	9,4
Incapacité mais autonomie	2,5	1,8
Faible niveau de dépendance	1,4	2,4
Niveau moyen de dépendance	1,3	2,4
Niveau élevé de dépendance	0,7	1,0
Dans un établissement	1,0	2,3

Pour les personnes âgées des deux sexes, seulement la moitié de l'espérance de vie est exempte d'incapacité; l'autre moitié comporte différents degrés d'incapacité et de dépendance.

L'ESLA porte sur les incapacités pouvant être classées dans les cinq catégories suivantes : la mobilité (marcher, bouger, transporter des objets); la souplesse (se pencher, s'habiller, se couper les ongles d'orteils); l'ouïe (si l'utilisation d'un appareil auditif ne corrige pas le problème); la vue (si le port de lunettes ne corrige pas le problème); et l'élocution.

Le pourcentage de personnes âgées ayant une incapacité dans chacune de ces catégories est le suivant : la mobilité, 34 %; la souplesse, 30 %; l'ouïe, 19 %; la vue, 12 %; et l'élocution, 4 %.

Les données tirées de l'Enquête nationale sur le vieillissement et l'autonomie (ENVA), qui est examinée en détail à la section 8.3, permettent de mieux comprendre comment l'incapacité peut limiter les activités des personnes âgées. Dans le cadre de l'ENVA, on a demandé aux personnes âgées ayant une incapacité dans quelle mesure elles parvenaient à faire face à cette situation : 85 % ont indiqué qu'elles y parvenaient «très bien» ou «assez bien», alors que 14 % ont déclaré «pas très bien» ou «pas bien du tout».

8.3 Qualité de vie

La qualité de vie est essentiellement une question de perception. Pour clore la discussion sur la santé des personnes âgées, il est donc approprié d'examiner les données sur l'opinion que les personnes âgées ont de leur propre état de santé. Ces données proviennent de deux sources : le cycle 6 de l'Enquête sociale générale de 1991 réalisée par Statistique Canada (ESG-6), et l'Enquête nationale de 1991 sur le vieillissement et l'autonomie (ENVA), qui est un projet conjoint de Statistique Canada et de plusieurs autres ministères fédéraux[4]. Cependant, le champ de ces enquêtes comprend uniquement les ménages privés et exclut donc les pensionnaires d'établissements institutionnels.

L'ESG-6 comportait la question suivante : «Comparativement à d'autres personnes de votre âge, diriez-vous qu'en général, votre santé est excellente, très bonne, bonne, moyenne ou mauvaise?». La plupart des personnes âgées du Canada (72 %) ont répondu «excellente», «très bonne» ou «bonne» (réponses qualifiées de «positives»); seulement 28 % ont répondu «moyenne» ou «mauvaise» (réponses «négatives»). Pour l'ensemble des adultes (personnes de 15 ans et plus), les «réponses positives» sont plus nombreuses que les «réponses négatives», soit 87 % contre 13 % **(tableau 8.4)**. Le nombre de réponses positives diminue avec l'âge au sein de la population des personnes âgées : 75 % des personnes de 65 à 74 ans, contre 68 % des personnes de 75 ans et plus.

Tableau 8.4
Pourcentage de réponses «positives» et de réponses «négatives» à certaines questions d'auto-évaluation de l'ESG-6 selon le groupe d'âge, Canada, 1991

Question sur le questionnaire de l'ESG-6	Réponse	15 ans et plus	65 ans et plus	65 à 74 ans	75 ans et plus
		Pourcentage			
État de santé comparativement aux autres	Excellente, très bonne, bonne	86,9	72,5	74,9	68,4
	moyenne, mauvaise	13,1	27,5	25,1	31,6
Satisfaction à l'égard de sa santé	Satisfaite	87,9	84,2	85,2	82,5
	Insatisfaite	12,1	15,8	14,8	17,5
Satisfaction à l'égard de sa vie	Satisfaite	94,7	95,0	95,4	94,2
	Insatisfaite	5,3	5,0	4,6	5,8

Nota : Ces pourcentages sont calculés pour les personnes ayant répondu à la question; les cas de non-réponse sont exclus. Les pourcentages de non-réponse varient entre 0 % et 14,7 %.
Les données portent uniquement sur les ménages privés; les pensionnaires d'établissements institutionnels sont exclus.
Source : Statistique Canada, ESG-6, totalisations spéciales.

Une question connexe a également été posée : «Êtes-vous satisfait(e) ou insatisfait(e) de votre santé?» Parmi les personnes âgées, 84 % ont indiqué être satisfaites, alors que 16 % ont dit être insatisfaites; les pourcentages correspondants pour l'ensemble des adultes sont de 88 % et 12 %.

On a aussi demandé aux répondants s'ils étaient satisfaits de leur «vie en général». Les personnes âgées sont encore plus satisfaites de leur vie que de leur état de santé : 95 % se sont dites satisfaites et 5 % insatisfaites, soit les mêmes pourcentages que ceux affichés par l'ensemble de la population adulte.

Les chiffres susmentionnés sont corroborés par l'ENVA, selon laquelle 94 % des personnes âgées sont «satisfaites» de leur vie, alors que 6 % sont «insatisfaites». L'ENVA a également confirmé l'association qui existe entre la satisfaction à l'égard de sa vie et la perception de son état de santé : parmi les personnes âgées considérant que leur santé est «excellente» ou «bonne», 94 % ont indiqué être «satisfaites» de leur vie, comparativement à 86 % des personnes âgées qui jugent que leur santé est «moyenne» ou «mauvaise».

Pour étudier la «santé psychologique», les questions suivantes ont été posées aux personnes âgées dans le cadre de l'ESG-6.

«Au cours des dernières semaines, combien de fois vous êtes-vous senti(e)...

- le (la) plus heureux(se) au monde?
- très seul(e) ou isolé(e) des gens?
- particulièrement emballé(e) ou intéressé(e) par quelque chose?
- déprimé(e) ou très malheureux(se)?
- heureux(se) d'avoir accompli quelque chose?
- ennuyé(e)?
- fier(ère) qu'une personne vous ait félicité(e) de quelque chose que vous avez fait?
- tellement agité(e) que vous ne pouvez rester assis(e) pendant très longtemps?
- favorisé(e) par les événements?
- troublé(e) parce que quelqu'un vous avait critiqué(e)?»

Pour chaque question, les répondants devaient cocher une des trois réponses suivantes : «souvent», «quelquefois» ou «jamais». Ces réponses ont été associées à des notes allant de 1 à 3. Il convient de noter que cinq énoncés portent sur des aspects positifs de la vie, et les cinq autres sur des aspects négatifs. L'addition des notes associées aux cinq énoncés «positifs» permet d'établir l'échelle des affects positifs de Bradburn. Les scores obtenus vont de 5 (si le répondant a indiqué «souvent» pour tous les énoncés positifs) à 15 (si le répondant a indiqué «jamais» à tous ces énoncés). Si toutes les réponses étaient fournies aussi souvent les unes que les autres («distribution uniforme»), le score moyen serait de 10. De même, l'addition des notes associées aux cinq énoncés «négatifs» permet d'établir l'échelle des affects négatifs de Bradburn.

Les scores moyens ont été les suivants :

- échelle des affects positifs de Bradburn : 9,9 pour les personnes âgées, 9,4 pour l'ensemble des adultes;
- échelle des affects négatifs de Bradburn : 13,4 pour les personnes âgées, 13,0 pour l'ensemble des adultes.

Le score des personnes âgées sur l'échelle des affects positifs se rapproche du score moyen d'une distribution uniforme, alors que leur score sur l'échelle des affects négatifs est assez près du maximum, ce qui signifie que la réponse «jamais» a souvent été fournie pour les «énoncés négatifs». Par rapport aux scores de l'ensemble des adultes, les scores des personnes âgées sont un peu moins positifs, mais aussi un peu moins négatifs.

Chapitre 9

Répartition géographique et mobilité : où vivent les personnes âgées au Canada?

Comme on l'a mentionné dans l'introduction, la répartition géographique est un élément central du profil démographique d'une population. Dans le cas des personnes âgées, la répartition géographique est particulièrement importante, étant donné que les administrations provinciales et municipales offrent de nombreux services à ce segment de la population (p. ex., services provinciaux de soins de santé, services de transport municipaux).

9.1 Proportion de personnes âgées par province

En 1991, le pourcentage de personnes âgées dans les provinces variait entre 9,1 % en Alberta et 14,1 % en Saskatchewan, la province voisine; pour l'ensemble du Canada, le pourcentage de personnes âgées se chiffrait à 11,6 % **(tableau 9.1)**. Dans les deux territoires réunis, le pourcentage de personnes âgées s'élevait à 3,2 %, ce qui représente seulement 2 700 personnes âgées. Étant donné le petit nombre de ces personnes dans les territoires, l'analyse qui suit porte uniquement sur les dix provinces.

En Ontario, au Québec, au Nouveau-Brunswick et en Nouvelle-Écosse, le pourcentage de personnes âgées se situe assez près de la moyenne nationale, alors qu'il y est de beaucoup inférieur à Terre-Neuve et en Alberta et qu'il y est supérieur en Colombie-Britannique, à l'Île-du-Prince-Édouard, au Manitoba et en Saskatchewan. On peut donc voir qu'aucune tendance régionale précise ne se dessine. Ainsi, les provinces des Prairies comprennent l'Alberta, où le pourcentage de personnes âgées est le plus bas, de même que la Saskatchewan et le Manitoba, qui comptent les plus fortes proportions de personnes âgées. De même, les provinces de l'Atlantique comptent Terre-Neuve, où le pourcentage de personnes âgées est faible, et l'Île-du-Prince-Édouard, où il est élevé.

Pourquoi le pourcentage de personnes âgées diffère-t-il d'une province à l'autre? Le principal facteur est la différence qui est depuis longtemps observable en ce qui touche les tendances de l'immigration et de la migration interprovinciale. Illustrons cette affirmation en prenant comme exemple l'Alberta et la Saskatchewan. Pour ce faire, divisons d'abord la population de chaque province en trois sous-groupes : les immigrants, les non-immigrants nés en dehors de la province et les non-immigrants nés dans la province.

Tableau 9.1
Pourcentage de personnes âgées et indices selon le groupe d'âge et la province, 1991

Groupe d'âge	Canada	T.-N.	Î.-P.-É.	N.-É.	N.-B.	Québec	Ontario	Manitoba	Sask.	Alberta	C.-B.	Territoires
						Pourcentages						
65 ans et plus	11,6 %	9,7 %	13,2 %	12,6 %	12,2 %	11,2 %	11,7 %	13,4 %	14,1 %	9,1 %	12,9 %	3,2 %
65 à 74 ans	6,9 %	5,9 %	7,1 %	7,3 %	7,1 %	6,9 %	7,1 %	7,6 %	7,8 %	5,4 %	7,6 %	2,1 %
75 à 84 ans	3,6 %	3,1 %	4,6 %	4,1 %	3,9 %	3,4 %	3,6 %	4,5 %	4,8 %	2,8 %	4,1 %	0,9 %
85 ans et plus	1,0 %	0,7 %	1,4 %	1,2 %	1,1 %	0,9 %	1,1 %	1,4 %	1,5 %	0,8 %	1,1 %	0,2 %
						Indices (Canada = 100,0)						
65 ans et plus	100,0	83,6	113,3	108,5	104,8	96,3	101,1	115,6	121,8	78,0	110,7	27,3
65 à 74 ans	100,0	84,3	103,0	104,6	102,0	98,8	101,9	109,0	112,7	77,8	109,8	29,8
75 à 84 ans	100,0	85,6	125,7	114,1	108,6	94,1	99,0	123,0	133,1	77,5	113,0	23,7
85 ans et plus	100,0	71,5	139,6	115,2	110,7	86,9	102,4	134,0	143,5	81,3	109,1	23,1

Nota : Dans le tableau 9.1, l'indice pour chaque province Y est calculé en divisant le pourcentage de personnes âgées dans la province Y par le pourcentage de personnes âgées au Canada.

Source : Statistique Canada, Recensement du Canada de 1991, *Âge, sexe et état matrimonial*, Ottawa, ISTC, 1992, n° 93-310 au catalogue, tableau 1.

Statistique Canada – n° 96-312 F au catalogue
Profil des personnes âgées au Canada

L'Alberta, province ayant le plus faible pourcentage de personnes âgées – Les non-immigrants nés en dehors de la province représentent 27 % de la population, soit plus du double de la moyenne nationale, qui se chiffre à 13 %. La proportion de personnes âgées dans ce groupe (8 %) est faible en comparaison avec la moyenne nationale (14 %). Ces chiffres sont révélateurs de la grande vague de jeunes migrants provenant d'autres provinces qui sont venus s'installer en Alberta au cours des années 1970. (Entre 1971 et 1981, le solde migratoire interprovincial de l'Alberta a été de 245 000 personnes.) De plus, une grande vague de jeunes migrants se traduit généralement par un grand nombre d'enfants (qui ont été classés dans la catégorie des personnes nées dans la province), ce qui a maintenu le pourcentage de personnes âgées à un faible niveau dans le groupe des personnes nées dans la province. En outre, comme ce groupe représente généralement la majorité de la population d'une province, il en est résulté un faible pourcentage de personnes âgées dans l'ensemble de la province. En Alberta, le pourcentage de personnes âgées parmi les personnes nées dans la province (6 %) est de beaucoup inférieur à la moyenne nationale (9 %); le groupe des personnes nées dans la province compte 58 % des Albertains.

La Saskatchewan, province affichant le pourcentage de personnes âgées le plus élevé – Le groupe des personnes nées dans la province représente 81 % de la population de la Saskatchewan, ce qui est de beaucoup supérieur à la moyenne nationale (71 %). De plus, les personnes âgées constituent 12 % des personnes nées dans la province, alors que la moyenne nationale est de 9 %. Ces chiffres sont attribuables à une perte nette de jeunes migrants nés en Saskatchewan, qui ont laissé derrière eux un pourcentage relativement élevé de personnes âgées dans le groupe des personnes nées dans la province et dans l'ensemble de la population (entre 1966 et 1991, le solde migratoire net de la Saskatchewan a été de 204 000 personnes).

L'immigration constitue une seconde raison expliquant le pourcentage élevé de personnes âgées en Saskatchewan. Le pourcentage de personnes âgées parmi les immigrants (37 %) est plus que deux fois supérieur à la moyenne nationale (18 %), et il est le plus élevé par rapport aux autres provinces (l'Î.-P.-É. vient en deuxième place, avec seulement 26 %). Cette situation est attribuable aux fortes vagues d'immigration que la Saskatchewan a connues avant 1930 et à la diminution enregistrée au cours des dernières décennies. Il en est résulté un vieillissement du groupe des immigrants en Saskatchewan. Même si les immigrants ne constituent pas un grand segment de la population en 1991, le pourcentage exceptionnellement élevé de personnes âgées parmi eux a fait de l'immigration passée un des facteurs importants du vieillissement de l'ensemble de la population de la Saskatchewan.

9.2 Proportion de personnes âgées selon d'autres régions géographiques

Au Canada, 25 grandes régions urbaines sont considérées comme des régions métropolitaines de recensement (**RMR**) et 115 régions plus petites sont appelées agglomérations de recensement (**AR**). En 1991, 61 % de la population canadienne habitait dans les RMR et 16 % dans les AR. Dans quelle mesure le pourcentage de personnes âgées dans les RMR et les AR diffère-t-il du pourcentage observable dans les autres régions? Dans l'ensemble, les écarts sont faibles, mais certaines RMR et AR affichent des différences marquées. Les pourcentages de personnes âgées qui sont énumérés ci-après permettront d'illustrer la situation : moyenne nationale – 11,6 %; toutes les RMR combinées – 11,0 %; toutes les régions autres que les RMR – 12,7 % **(tableau 9.2)**. Si l'on considère les RMR individuellement, on remarque que les pourcentages varient entre 7,8 % à Calgary (Alberta) et 18,6 % à Victoria (Colombie-Britannique). L'écart est encore plus grand dans le cas des AR : les pourcentages varient entre 1,1 % à Labrador City (Terre-Neuve) et 23,0 % à Penticton (Colombie-Britannique).

Tableau 9.2
Pourcentage de personnes âgées et indices pour certains lieux de résidence, Canada, 1991

Lieux ayant un pourcentage ÉLEVÉ de personnes âgées			Lieux ayant un FAIBLE pourcentage de personnes âgées		
Lieu de résidence	Pourcentage de personnes âgées	Indice	Lieu de résidence	Pourcentage de personnes âgées	Indice
Canada	11,6 %	100			
Provinces:			**Provinces:**		
Saskatchewan	14,1 %	122	Alberta	9,1 %	78
			Yukon et Territoires du Nord-Ouest	3,2 %	28
RMR:			**RMR :**		
Victoria (C.-B.)	18,6 %	160	Calgary (Alb.)	7,8 %	67
St. Catharines (Ont.)	15,0 %	129	Edmonton (Alb.)	8,5 %	73
Population en dehors des RMR	12,7 %	109	Toutes les RMR combinées	11,0 %	95
AR :			**AR :**		
Penticton (C.-B.)	23,0 %	198	Labrador City (T.-N.)	1,1 %	9
Weyburn (Sask.)	22,5 %	194	Thompson (Man.)	1,4 %	12
Population en dehors des RMR/AR	12,6 %	109	Toutes les RMR et AR combinées	11,3 %	97
SDR, plus de 50 000 habitants («grandes SDR»)			**SDR, plus de 50 000 habitants («grandes SDR»)**		
Victoria (C.-B.)	23,9 %	206	Strathcona County No. 28 (Alb.)	4,4 %	38
Kelowna (C.-B.)	19,1 %	165	Pickering (Ont.)	4,8 %	41
Toutes les «grandes SDR» combinées	11,6 %	100	Gatineau (QC)	4,8 %	41
Régions urbaines/rurales :			**Régions urbaines/rurales :**		
Régions urbaines	12,0 %	103	Régions urbaines, 500 000		
Dont : 0 à 4 999 habitants	15,8 %	136	habitants ou plus	11,0 %	95
500 000 habitants ou plus	12,8 %	110	Régions rurales	10,4 %	90
			Dont : Rurales agricoles	7,5 %	65
			Rurales non agricoles	10,9 %	94

Source : Recensement du Canada de 1991, totalisations spéciales.

Les données sur le lieu de résidence des personnes âgées peuvent aussi être examinées en fonction des subdivisions de recensement (**SDR**), qui correspondent aux municipalités ou à leurs équivalents (p. ex., réserves indiennes, territoires non organisés). En 1991, le Canada comptait 86 «grandes SDR», définies ici comme étant des SDR ayant une population de 50 000 habitants ou plus. Ces 86 grandes SDR, dont font partie Montréal et Toronto, comptent 51 % de la population. Le pourcentage de personnes âgées dans l'ensemble des grandes SDR (11,6 %) correspond au pourcentage observable pour tout le Canada, mais les différences d'une SDR à l'autre sont considérables. Le pourcentage de personnes âgées varie entre 4,4 % dans la SDR de Strathcona County No. 28 (Alberta) et 23,9 % dans la SDR de Victoria (Colombie-Britannique).

Ces données laissent entendre que les personnes âgées ne préfèrent pas les RMR, les AR ou les «grandes SDR» en tant que catégories, mais qu'elles préfèrent des lieux de résidence précis. Victoria (C.-B.) constitue un bon exemple : les personnes âgées sont attirées par cette ville à cause de son climat.

Le pourcentage de personnes âgées à certains endroits est également associé à la taille de la collectivité et à la répartition urbaine et rurale. Par exemple, en 1991, les régions rurales agricoles affichaient un faible pourcentage de personnes âgées (7,5 %), mais les petites municipalités urbaines (5 000 habitants ou moins) en comptaient une proportion élevée (15,8 %). Dans ce dernier cas, le fort pourcentage de personnes âgées est principalement attribuable au départ des jeunes (émigration interne).

9.3 Mobilité des personnes âgées

Les effets indirects à long terme de la migration ont été cités parmi les principaux facteurs déterminants du pourcentage de personnes âgées dans certains lieux de résidence. En revanche, l'effet direct à court terme de la migration des personnes âgées d'un endroit à l'autre est généralement peu marqué. Afin d'illustrer cette affirmation, la section 9.3 examine les tendances de la mobilité chez les personnes âgées dans le contexte général des taux de mobilité selon l'âge **(graphique 9.1)**.

Graphique 9.1
Population selon la mobilité (cinq ans auparavant) et l'âge, Canada, 1991

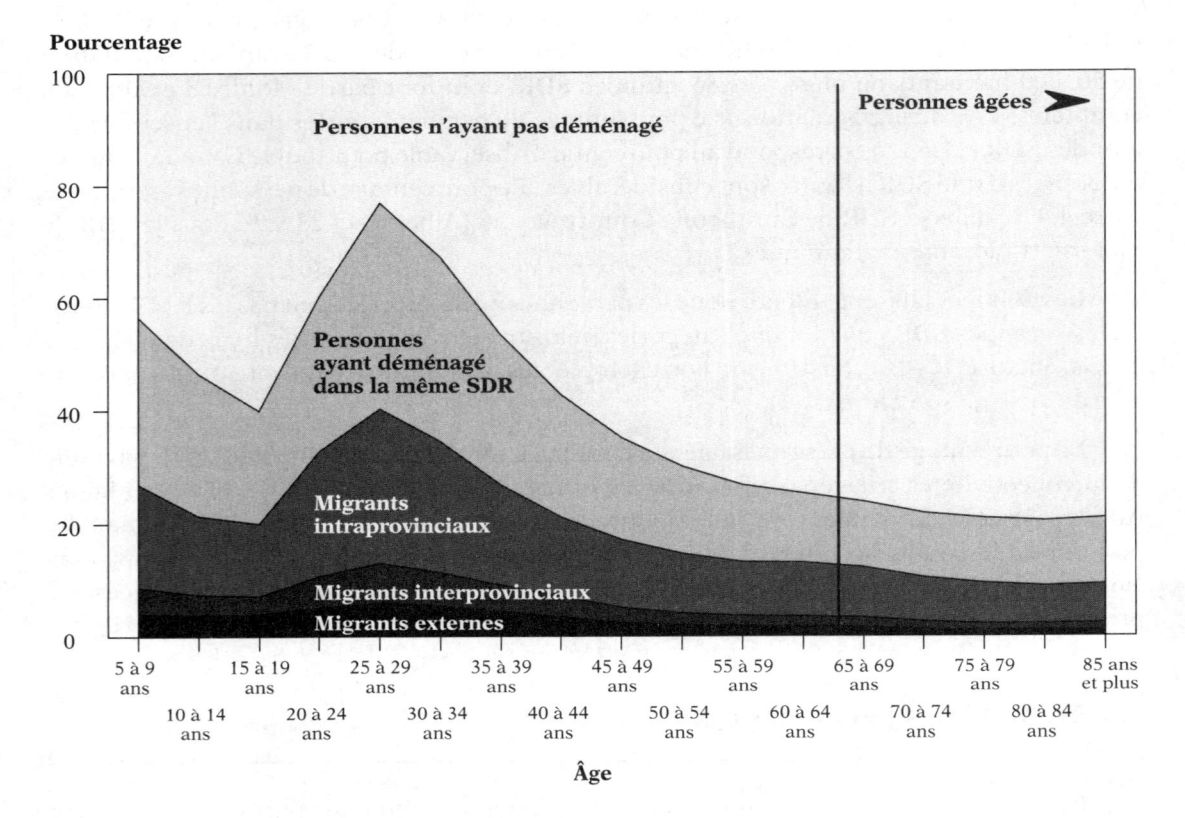

Pourcentage

[Graphique en aires empilées montrant, selon les groupes d'âge de 5 à 9 ans jusqu'à 85 ans et plus : Personnes n'ayant pas déménagé, Personnes ayant déménagé dans la même SDR, Migrants intraprovinciaux, Migrants interprovinciaux, Migrants externes. Une ligne verticale délimite les « Personnes âgées ».]

Source : Recensement du Canada de 1991, totalisations spéciales.

Les données de 1991 sur la mobilité que nous examinons ici sont tirées des réponses à la question portant sur le lieu de résidence cinq ans avant le recensement. Par conséquent, ces données se rapportent uniquement aux personnes qui avaient cinq ans et plus en 1991. Les personnes ayant déclaré des adresses différentes en 1986 et en 1991 ont été classées dans la catégorie des «personnes ayant déménagé». Ces personnes se répartissent dans quatre sous-catégories distinctes : (a) **les non-migrants**, qui ont déménagé à l'intérieur de la même SDR; (b) **les migrants intraprovinciaux**, qui ont déménagé dans une autre SDR de la même province; (c) **les migrants interprovinciaux**, qui ont changé de province de résidence; (d) **les migrants externes**, qui sont arrivés au Canada en provenance de l'étranger. Le pourcentage de la population qui se classe dans une de ces sous-catégories devient le «taux de mobilité» pour cette sous-catégorie.

Selon le recensement de 1991, le taux de mobilité pour l'ensemble des personnes ayant déménagé est le plus élevé chez les jeunes adultes, puis il diminue d'un groupe d'âge à l'autre. Ainsi, le taux de mobilité est de 76 % pour les personnes de 25 à 29 ans, de 35 % pour les personnes de 45 à 49 ans et de 24 % pour les personnes de 65 à 69 ans, ce qui signifie que trois personnes de 25 à 29 ans sur quatre ont déclaré avoir changé d'adresse entre 1986 et 1991, contre seulement une sur quatre dans le groupe d'âge de 65 à 69 ans. Au sein de la population des personnes âgées, les différences d'un groupe d'âge à l'autre sont faibles; le taux de mobilité descend très graduellement de 24 % pour les personnes de 65 à 69 ans à 21 % pour les gens de 80 à 84 ans et les personnes de 85 ans et plus. Pour l'ensemble des personnes âgées, le taux de mobilité se chiffre à 22 %.

La tendance observable en fonction de l'âge s'applique non seulement à l'ensemble des personnes ayant déménagé, mais aussi à chaque catégorie. Par exemple, le taux de mobilité des migrants intraprovinciaux diminue également selon l'âge; il est de 27 % chez les personnes de 25 à 29 ans, de 12 % pour les personnes de 45 à 49 ans, et de 9 % pour les gens de 65 à 69 ans.

Peu importe le groupe d'âge, les personnes ayant déménagé à l'intérieur de la même SDR et les migrants intraprovinciaux constituent la grande majorité des personnes ayant déménagé, alors que les migrants interprovinciaux et les migrants externes sont peu nombreux. Pour les personnes âgées du Canada, cela se traduit par les chiffres suivants : parmi les 645 200 personnes âgées ayant déménagé, 334 400 (52 %) ont déménagé dans la même SDR, 230 900 (36 %) sont allées s'installer dans une autre SDR de la même province, 42 500 (7 %) ont changé de province de résidence et 37 500 (6 %) sont venues de l'étranger. Le petit nombre de personnes âgées considérées comme des migrants interprovinciaux vient souligner le fait que l'effet direct à court terme qu'elles auraient pu avoir sur la proportion de personnes âgées dans une province donnée n'aurait été que très limité. Cette constatation générale s'applique même à des provinces telles que la Colombie-Britannique, où l'effet a été plus marqué que dans les autres provinces. Ainsi, parmi les 42 500 personnes âgées considérées comme des migrants interprovinciaux, 15 000 (35 %) ont été dénombrées en Colombie-Britannique en 1991; toutefois, ce chiffre représente seulement 3,8 % de l'ensemble des personnes âgées dénombrées dans cette province.

Conclusion

Lorsqu'on examine la situation des personnes âgées au Canada, une question cruciale se pose : «Pouvons-nous assumer le vieillissement de la société?» En fait, cette question est le titre d'un article rédigé récemment par le statisticien en chef du Canada[1]. Notre société doit satisfaire les besoins des personnes âgées au chapitre des soins de santé, des suppléments de revenu, du logement, du transport, de l'allégement de la solitude et de l'amélioration de la qualité de vie. Compte tenu des réalités économiques des années 1990 et du vieillissement de la population canadienne, non seulement la satisfaction de ces besoins constitue-t-elle un problème social, mais tous les Canadiens non âgés sont amenés à se demander : «Que puis-je faire maintenant pour préparer mes parents et me préparer à la vieillesse?»

L'information nécessaire pour répondre à cette question doit être fondée sur les tendances actuelles et prévues dans des domaines aussi divers que l'économie, le commerce international, la politique internationale, les sciences et la technologie, les modes de vie des personnes et des familles, les moeurs et des attentes de la société ainsi que la démographie. Dans le présent document, on a tenté de répondre à une partie de ces besoins en données en établissant le profil démographique des personnes âgées au Canada. Des données supplémentaires sur les caractéristiques démographiques de ce segment de la population sont fournies dans d'autres études de la présente série, ainsi que dans la vaste gamme d'études et de totalisations que Statistique Canada publie régulièrement.

Notes

Notes de l'introduction

1 Pour obtenir les résultats de cette enquête, consulter : (i) Statistique Canada, ***Vieillissement et autonomie***. Ottawa : Statistique Canada, 1992; (ii) Santé et Bien-être Canada – Secrétariat du Troisième âge, ***Vieillissement et autonomie – Aperçu d'une enquête nationale***, Ottawa, ASC, 1993, no H88-3/13-1993 au catalogue.

2 Voici la liste des rapports postcensitaires sur les personnes âgées :

Recensement de 1976 : Statistique Canada, ***Les personnes âgées au Canada***, Ottawa, MIC, 1979, n° 98-800 au catalogue.

Recensement de 1981 : Statistique Canada, ***Les personnes âgées au Canada***, Ottawa, ASC, 1984, n° 99-932 au catalogue (rédigé à partir d'un manuscrit de J.A. Norland).

Recensement de 1986 : Statistique Canada, ***Les personnes âgées au Canada***, Ottawa, ASC, 1988, n° 98-121 au catalogue (Auteurs : L. Stone et H. Frenken).

Veuillez noter que Statistique Canada a également publié des rapports sur les personnes âgées dans d'autres séries, notamment :

Stone, L.O. et Fletcher, S., ***Le Boom du troisième âge***, Ottawa, ASC, 1986, n° 89-515 au catalogue.

Fellegi I.P., «***Pouvons-nous assumer le vieillissement de la société?***» dans L'Observateur économique canadien 1(10), Statistique Canada, Ottawa, ASC, 1988, n° 11-010 au catalogue.

Statistique Canada, Projet des groupes cibles, ***Un portrait des aînés au Canada***, Ottawa, ISTC, 1990, n° 89-519 au catalogue.

Desjardins, B., ***Vieillissement de la population et personnes âgées, La conjoncture démographique*** (Statistique Canada, Division de la démographie), Ottawa, ISTC, 1993, n° 91-533 au catalogue.

Notes (suite)

Notes du chapitre 1

1 La différence entre *le taux d'accroissement d'un groupe d'âge donné* et *l'augmentation en points de la proportion de personnes de ce groupe d'âge* est expliquée davantage à la section 3.3.

Notes du chapitre 2

1 On peut trouver une analyse approfondie des facteurs déterminants de la structure par âge entre autres, dans le chapitre intitulé «*Factors Determining Age Structure*» (p. 273), United Nations, 1973. *The Determinants and Consequences of Population Trends*. New York: UN Dept. of Economic and Social Affairs, Cat. No. ST/SOA/SER.A/50. Consulter aussi les références citées à la note 9 du chapitre 2.

2 Les taux bruts de natalité par décennie de 1851 à 1971 sont donnés dans le tableau 1 de l'ouvrage de J.A. Norland, *La composition par âge et par sexe de la population du Canada*, Ottawa, Statistique Canada, 1976, no 99-703 au catalogue.

Les taux bruts de natalité selon l'année civile, de 1931 à 1990, sont présentés dans *Rapports sur la santé, vol. 4, n° 1*, Ottawa, Statistique Canada, 1992, n° 82-003 S14 au catalogue, tableau 14.

Il faut prendre note que dans la présente étude nous définissons la «période du baby-boom» comme étant les deux décennies entre les années de recensement 1946-1947 et 1965-1966; certains analystes la délimitent autrement. La présente note s'applique principalement au graphique 3.3.

3 Alors que les statistiques sur l'immigration au Canada sont tirées de dossiers administratifs, les données sur l'émigration sont estimées. En vue de simplifier notre étude, nous ne traiterons que des données sur l'immigration dans le présent document.

4 Les données présentées sur la structure par âge de la population des immigrants au Canada pour les années 1951-1991 ont été compilées à partir de chiffres détaillés non publiés conservés à la Section des estimations démographiques, Division de la démographie de Statistique Canada.

5 Les données présentées sur la répartition par âge des «immigrants de la dernière décennie», telles que recueillies par le recensement de 1991, sont tirées d'une totalisation spéciale. Les nombres absolus d'immigrants de 1981 à 1991 dénombrés au recensement de 1991 s'établissent comme suit. Tous les âges : 1 238 450; personnes âgées : 72 455 (= 5,9 %). Les données correspondantes pour la période de 1941 à 1971 sont présentées dans le tableau 13 de l'ouvrage de Norland (1976); se reporter à la note 2 du chapitre 2, qui en donne la référence bibliographique complète.

6 Les données sur la répartition par âge des Canadiens de naissance et des Canadiens nés à l'extérieur du pays pour la période 1911 à 1971 proviennent du tableau 14 de l'ouvrage de Norland (1976); se reporter à la note 2 du chapitre 2, qui en donne la référence bibliographique complète.

1981 : tableau 7A de Statistique Canada, Recensement de la population de 1981 – *Lieu de naissance, citoyenneté, période d'immigration*, Ottawa, ASC, 1984, n° 92-913 au catalogue.

1991 : tableaux 1 à 4 de Statistique Canada, Recensement de la population de 1991 – *Immigration et citoyenneté*, Ottawa, ISTC, 1992, n° 93-316 au catalogue.

Notes (suite)

7   Les données sur les tables de mortalité de 1920-1922 à 1980-1982 sont tirées de l'ouvrage de D. Nagnur, ***Longévité et tables de mortalité chronologiques (abrégées), 1921-1981***, Ottawa, ASC, 1986, no 89-506 au catalogue.

   Les données sur les tables de mortalité de 1985-1987 sont tirées de tables de mortalité abrégées de 1986 non publiées, Statistique Canada, CCIS.

   Veuillez noter que les tables de mortalité de 1920-1922 ne comprennent pas le Québec.

8   La «population de la table de mortalité» ou «population stationnaire» est un modèle démographique qui ne tient pas compte de la migration et présuppose un taux de croissance nul; cette dernière condition signifie que le taux de natalité de la «population de la table de mortalité» équivaut à son taux de mortalité. La structure par âge dans ce modèle est fonction uniquement des taux de mortalité par âge, qui déterminent également le taux de mortalité de l'ensemble de la «population de la table de mortalité». En conséquence, ce modèle permet aux analystes d'isoler les effets des changements de la mortalité sur la structure par âge. Généralement, les «populations des tables de mortalité» affichant des taux de mortalité plus bas présentent des structures par âge plus vieilles que les «populations des tables de mortalité» dont les taux de mortalité sont plus élevés. Une analyse approfondie de ce sujet est présentée au chapitre 15 de l'ouvrage de H.S. Shryock et J.S. Siegel, 1971. ***The Methods and Materials of Demography***. Washington, D.C.: U.S. Government Printing Office.

9   Les nombreuses études publiées par des organismes des Nations Unies sur le vieillissement témoignent de l'importance de la question du vieillissement de la population dans la planification des politiques non seulement au Canada mais aussi à l'échelle internationale. Deux publications récentes sont dignes de mention : (i) United Nations, Economic Commission for Europe, 1992. ***Changing Population Age Structures***. Geneva: United Nations, Cat. No. GV.E.92.0.20. (ii) United Nations, Economic Commission for Europe, 1992. ***Demographic Causes and Economic Consequences of Population Ageing***. New York: United Nations, Cat. No. GV.E.92.0.4.

   Les données internationales présentées à la fin du chapitre 2 sont tirées de United Nations, 1991, ***The Sex and Age Distribution of Population***. New York: Dept. of International Economic Social Affairs, Cat. No. ST/ESA/SER.A/122.

Notes du chapitre 3

1   Les rapports de masculinité à la naissance ont été calculés à partir de données détaillées sur les naissances selon l'année de recensement et le sexe; les données sont tirées des fichiers de la Section des estimations de la Division de la démographie à Statistique Canada. Le rapport de masculinité donné pour 1931-1971, soit 1 056,5 hommes pour 1 000 femmes, signifie que la proportion de naissances de garçons est de 51,37 %, valeur utilisée pour calculer les chiffres des lignes 4 et 6 du tableau 3.2.

2   Les données sur les tables de mortalité sont tirées de (i) l'ouvrage de D. Nagnur, ***Longévité et tables de mortalité chronologiques (abrégées), 1921-1981***, Ottawa, ASC, 1986, no 89-506 au catalogue et (ii) de tables de mortalité abrégées de 1986 non publiées, Statistique Canada – CCIS.

3   Les données relatives à la répartition par âge des «immigrants de la dernière décennie», recueillies dans le cadre du recensement de 1991, sont tirées d'une totalisation spéciale.

Notes (suite)

4   Les données sur les taux d'immigration et le rapport de masculinité des immigrants selon la décennie, 1851-1971, figurent dans le tableau 1 de l'ouvrage de Norland (1976). Se reporter à la note 2 du chapitre 2, qui en donne la référence bibliographique complète.

5   L'analyse présentée à la section 3.3, qui souligne la différence entre **le taux d'accroissement d'un groupe de population donné** et **l'augmentation en points de la proportion de ce groupe dans la population totale**, est fondée sur les données ci-après.

Ligne	Année	Tous les groupes d'âge	25 à 44 ans	65 ans et plus
1	1961, nombre absolu	18,238,200	4,871,000	1,391,200
2	1961, pourcentage	100.0 %	26.7 %	7.6 %
3	1991, nombre absolu	27,296,900	9,238,000	3,170,000
4	1991, pourcentage	100.0 %	33.8 %	11.6 %
5	Augm. de la pop., 1961 à 1991	49.7 %	89.7 %	127.9 %
	Variation dans la proportion, 1961 à 1991			
6	Ligne 4 moins ligne 2	s.o.	7.1 %	4.0 %

Notes du chapitre 4

1   Dans le chapitre 4, le groupe des personnes «mariées» comprend (i) les personnes dont l'état matrimonial légal est «séparé» de même que (ii) les personnes vivant en union libre quel que soit leur état matrimonial légal. Les pourcentages de personnes âgées dans ces dernières catégories sont assez faibles : 1,8 % et 1,0 % respectivement. En raison de leur petit nombre, nous ne traitons pas séparément dans le chapitre 4 des personnes séparées ou vivant en union libre; toutefois, dans la section 5.3, nous examinons les données sur l'union libre relatives aux familles des personnes âgées.

2   Les données figurant dans le graphique 4.1 et mentionnées dans le texte ont été extraites des dernières «tables de mortalité selon l'état matrimonial», qui ont été publiées dans l'étude mentionnée comme source du tableau. Des données brutes plus récentes sur la mortalité et la nuptialité selon l'état matrimonial, l'âge et le sexe ont aussi été publiées pour des années subséquentes; elles sont toutefois moins détaillées que les données du graphique 4.1.

Statistique Canada – n° 96-312 F au catalogue
Profil des personnes âgées au Canada

Notes (suite)

3   Voici la liste détaillée des sources du graphique 4.3 :

Statistique Canada, ***Âge, sexe et état matrimonial***, Recensement du Canada de 1991, Ottawa, ISTC, 1992, n° 93-310 au catalogue, tableau 3.

Statistique Canada, ***Âge, sexe et état matrimonial***, Recensement du Canada de 1986, Ottawa, ASC, 1987, n° 93-101 au catalogue, tableau 5.

Statistique Canada, ***Âge, sexe et état matrimonial***, Recensement du Canada de 1981, Ottawa, ASC, 1982, n° 92-901 au catalogue, tableau 4.

Statistique Canada, ***Caractéristiques démographiques – État matrimonial par groupe d'âge***, Recensement du Canada de 1976, Ottawa, MIC, 1973, n° 92-825 au catalogue, tableau 22.

Statistique Canada, ***Population – État matrimonial par groupe d'âge***, Recensement du Canada de 1971, vol. 1, partie 4, Ottawa, MIC, 1973, n° 92-730 au catalogue, tableau 1.

Canada, B.F.S., ***État matrimonial par groupe d'âge et sexe***, Recensement du Canada de 1966, vol. 1 (1-13), Ottawa, Imprimeur de la Reine, 1968, n° 92-613 au catalogue, tableau 34.

Canada, B.F.S., ***Classements recoupés des caractéristiques, vol. 1, partie 3***, Recensement du Canada de 1961, Ottawa, Imprimeur de la Reine, 1964, tableau 78.

Canada, B.F.S., ***Caractéristiques générales, ménages et familles, vol. 1***, Recensement du Canada de 1956, Ottawa, Imprimeur de la Reine, 1958, tableau 28.

Canada, B.F.S., ***Classements recoupés des caractéristiques, vol. II***, Recensement du Canada de 1951, Ottawa, Imprimeur de la Reine, 1953, tableau 1.

Canada, B.F.S., ***Âges de la population, vol. 3***, Recensement du Canada de 1941, Ottawa, Imprimeur du Roi, 1946, tableau 7.

Canada, B.F.S., ***Âges de la population, vol. III***, Recensement du Canada de 1931, Ottawa, Imprimeur du Roi, 1935, tableau 12.

Notes du chapitre 5

1   Il convient de prendre note de l'utilisation de l'expression «fils ou filles jamais marié(e)s» au lieu du terme populaire «enfants» afin d'éviter toute ambiguïté : l'expression «enfant» peut signifier à la fois «jeune personne» et «descendant», alors que l'expression «fils ou fille» est sans équivoque et n'implique aucune limite d'âge. De plus, il est habituellement préférable d'utiliser «famille de recensement» plutôt que «famille», afin d'éviter toute confusion avec la «famille économique»; toutefois, comme le chapitre 5 porte uniquement sur les familles de recensement, le terme «famille» peut être utilisé.

Notes (suite)

2. La population dans les ménages privés exclut les résidents temporaires, les Canadiens se trouvant outre-mer ainsi que les pensionnaires et les membres du personnel des ménages collectifs. Parmi les 3 170 000 personnes âgées dénombrées lors du recensement de 1991, 12 400 (0,4 %) ont été classées comme résidents temporaires ou Canadiens se trouvant outre-mer, et 258 300 (8,1 %) comme pensionnaires ou membres du personnel de ménages collectifs. Par conséquent, le chiffre de 1991 pour les personnes âgées dans les ménages privés est de 2 899 000 personnes, ce qui représente 91,5 % de toutes les personnes âgées. À des fins de comparaison, mentionnons que pour l'ensemble de la population (tous les groupes d'âge), le pourcentage de personnes faisant partie d'un ménage privé se chiffre à 97,9 %. À cause de ces différences, le pourcentage de personnes âgées dans les ménages privés par rapport à **l'ensemble de la population dans les ménages privés** (10,8 %) est inférieur au pourcentage de 11,6 % qui a été donné jusqu'ici comme le pourcentage de personnes âgées au sein de **l'ensemble de la population canadienne** (se reporter au tableau 1.1).

3. Il est plus précis de dire qu'en 1991, 659 000 familles âgées comptaient deux conjoints âgés **n'ayant aucun fils âgé ni aucune fille âgée à la maison**. La restriction en caractères gras est nécessaire parce que très peu de familles âgées comptaient à la fois un ou des parents et un ou des fils ou filles jamais mariés qui étaient des personnes âgées. La même restriction s'applique également aux familles comptant soit un conjoint âgé, soit un parent seul âgé. Toutefois, la combinaison rare où le ou les parents ainsi que les fils ou filles jamais mariés sont des personnes âgées a été observable dans seulement 2 700 familles, ce qui représente 5 700 personnes âgées (se reporter au tableau A5.4 en annexe, parties I et III, ligne 5).

Notes (suite)

Notes du chapitre 6

1 Données tirées de : Statistique Canada, ***Niveau de scolarité et fréquentation scolaire***, Recensement du Canada de 1991, Ottawa, ISTC, 1993, no 93-328 au catalogue, tableau 1.

2 Les données analysées à la section 6.3 doivent être examinées en tenant compte des notes techniques ci-après.

Dans le présent document, le terme «moyenne» est utilisé comme synonyme de «moyenne arithmétique». Comme la distribution du revenu est habituellement asymétrique, certains auteurs préfèrent analyser les données sur le revenu en appliquant des mesures telles que la médiane. Dans le présent document, nous analysons néanmoins le revenu moyen, principalement pour deux raisons : (i) le revenu moyen est la mesure qui a été utilisée dans le cadre d'études similaires pour les recensements antérieurs; (ii) l'expression «revenu moyen» est utilisée tant dans le langage courant que dans les totalisations du recensement de Statistique Canada (se reporter, par exemple, à la publication du recensement de 1991 intitulée ***«Certaines statistiques du revenu»***, n° 93-331 au catalogue).

Étant donné l'universalité des programmes sociaux du Canada, il est rare que des personnes âgées n'aient pas de revenu. Néanmoins, certaines personnes qui étaient considérées comme des personnes âgées en 1991 n'étaient pas admissibles au régime de pension de sécurité de la vieillesse et ont effectivement déclaré n'avoir touché aucun revenu en 1990. Il s'agit notamment de personnes qui avaient 64 ans en 1990 et de personnes âgées qui vivaient au Canada depuis moins de dix ans.

La classification selon la source de revenu qui est présentée à la section 6.3 est conforme aux tableaux et à l'analyse figurant dans la publication de Statistique Canada ayant pour titre ***«Vieillissement de la population et personnes âgées»***. Pour obtenir une référence complète, voir Desjardins (1993) à la note 2 de l'introduction.

3 Des rapports des recensements antérieurs ont aussi signalé le niveau de scolarité et l'activité comme facteurs déterminants du revenu, particulièrement dans le cas des personnes âgées. Par exemple, selon le rapport du recensement de 1976 intitulé ***«Les personnes âgées au Canada»***, «comme la plupart des personnes âgées ne travaillent pas, leur revenu est inférieur à la moyenne». Selon le rapport de 1986, intitulé aussi ***«Les personnes âgées au Canada»***, «les études constituent un facteur important permettant de déterminer le revenu». La référence bibliographique complète de ces deux rapports est donnée à la note 2 de l'introduction.

4 On constate certaines divergences entre les données présentées au chapitre 7 et les coûts d'habitation correspondants figurant à la section 6.4. Ces divergences découlent, entre autres, de différences au chapitre : (i) de l'univers, c'est-à-dire l'ensemble du Canada dans un cas et 17 régions métropolitaines dans l'autre cas; (ii) de la méthode de collecte utilisée, le recensement dans un cas et une enquête-échantillon dans l'autre; (iii) de la définition des coûts d'habitation (l'Enquête sur les dépenses des familles inclut, par exemple, les primes d'assurance qui sont exclues dans le recensement).

La présente étude (fondée sur les données de l'Enquête sur les dépenses des familles de 1990) était déjà terminée lorsque Statistique Canada a publié les résultats des données de l'enquête de 1992. Les résultats de cette enquête sont compatibles avec les résultats présentés à la section 6.4 (les données de 1992 sont présentées dans la publication n° 62-555 au catalogue).

Notes (fin)

Notes du chapitre 8

1. Les taux de mortalité cités sont tirés des documents suivants : (i) Statistique Canada, *La statistique de l'état civil, vol. III – Décès*, Ottawa, MIC, 1978, pages 22-23; (ii) Statistique Canada, *Décès – 1989, Rapports sur la santé, vol. 3, no 1*, Ottawa, ASC, 1991, no 82-003 S15 au catalogue, page 13.

2. L'ESLA a été réalisée immédiatement après les recensements de 1986 et de 1991. Pour obtenir de plus amples renseignements sur les études relatives à l'ESLA, se reporter aux ouvrages suivants : (i) Statistique Canada, *Enquête sur la santé et les limitations d'activités – 1991* : Guide de l'utilisateur, Ottawa, Statistique Canada, 1992; (ii) Statistique Canada, *Le Quotidien*, le mardi 13 octobre 1992, Ottawa, Statistique Canada, no 11-001 au catalogue.

3. Les données sur l'espérance de santé ont été fournies par le Centre canadien d'information sur la santé (CCIS) de Statistique Canada.

4. L'Enquête nationale de 1991 sur le vieillissement et l'autonomie (ENVA) a été réalisée par Statistique Canada, de concert avec Santé et Bien-être social Canada, Consommation et Affaires commerciales Canada, la SCHL, le Secrétariat d'État du Canada, Communications Canada et Anciens combattants Canada. Jusqu'à maintenant, les données sont parues dans deux publications : (i) Statistique Canada, *Vieillissement et autonomie*, Ottawa, Statistique Canada, Division des enquêtes-ménages, 1993; (ii) Santé et Bien-être social Canada, *Vieillissement et autonomie – Aperçu d'une enquête nationale*, Ottawa, ASC, 1993, no H88-3/13-1993.

Notes de la conclusion

1. Fellegi, I.P., «*Pouvons-nous assumer le vieillissement de la société?*» dans L'Observateur économique canadien 1(10), Statistique Canada, Ottawa, ASC, 1988, no 11-010 au catalogue.

   Ce sujet est également abordé au chapitre 12 intitulé «*The Government Can't Afford an Aging Population*» de l'ouvrage de P. Luciani, *What Canadians Believe but Shouldn't About Their Economy*, Don Mills (Ont.), Addison-Wesley, 1993.

   En janvier 1994, après que l'on eut complété le texte de la présente étude, l'administration fédérale a diffusé des chiffres sur les sommes versées aux personnes âgées à titre de soutien du revenu. Pour l'exercice financier 1992-1993, ces paiements se sont élevés à 19,1 milliards de dollars, soit près de la moitié de toutes les sommes versées aux particuliers (41,9 milliards de dollars) et environ le huitième des dépenses totales (161,9 milliards de dollars) de l'administration fédérale.

   Ces chiffres sont tirés du document intitulé «*Dépenses fédérales: faits et chiffres*», ministère des Finances, Canada, 1994.

Tableaux en annexe

Tableau A3.1
Personnes âgées selon le groupe d'âge, nombres absolus et répartition en pourcentage, Canada, 1881 à 2031

	Nombres absolus (milliers)				Pour 100 personnes âgées		
	65 ans et plus	65 à 74 ans	75 à 84 ans	85 ans et plus	65 à 74 ans	75 à 84 ans	85 ans et plus
1881	178	119	49	10	67,1 %	27,5 %	5,4 %
1891	220	149	59	12	67,6 %	26,9 %	5,6 %
1901	271	183	74	14	67,6 %	27,3 %	5,1 %
1911	335	226	91	18	67,5 %	27,3 %	5,3 %
1921	420	290	109	21	69,1 %	26,0 %	4,9 %
1931	576	403	148	25	69,9 %	25,7 %	4,4 %
1941	768	525	207	36	68,4 %	27,0 %	4,7 %
1951	1 086	749	285	53	68,9 %	26,3 %	4,8 %
1961	1 391	889	421	81	63,9 %	30,3 %	5,8 %
1971	1 744	1 077	530	137	61,8 %	30,4 %	7,9 %
1981	2 361	1 478	689	194	62,6 %	29,2 %	8,2 %
1991	3 170	1 895	992	283	59,8 %	31,3 %	8,9 %
2001	3 943	2 123	1 346	475	53,8 %	34,1 %	12,0 %
2011	4 852	2 599	1 557	696	53,6 %	32,1 %	14,3 %
2021	6 578	3 814	1 935	829	58,0 %	29,4 %	12,6 %
2031	8 316	4 464	2 815	1 038	53,7 %	33,8 %	12,5 %

Sources : 1881-1911 – Canada, B.F.S., ***Recensement du Canada de 1941, vol. I***, Ottawa, Imprimeur du Roi, 1946.

1921-1992 – Statistique Canada, ***Âge, sexe et état matrimonial***, Recensement du Canada de 1991, Ottawa, ISTC, 1992, n° 93-310 au catalogue.

Projections – Statistique Canada, ***Projections démographiques, 1990-2011***, Ottawa, Division de la démographie, 1991.

Tableau A3.2
Rapports de masculinité (nombre d'hommes pour 1 000 femmes), personnes âgées selon le groupe d'âge, Canada, 1881 à 2031

	Tous les groupes d'âge (1)	65 ans et plus (2)	65 à 74 ans (3)	75 à 84 ans (4)	85 ans et plus (5)
1881	1 025	1 118	1 128	1 114	1 012
1891	1 037	1 096	1 108	1 101	947
1901	1 050	1 050	1 060	1 048	936
1911	1 129	1 036	1 055	1 017	904
1921	1 064	1 047	1 094	973	838
1931	1 074	1 046	1 082	1 000	796
1941	1 053	1 037	1 090	956	805
1951	1 024	1 031	1 079	966	763
1961	1 022	940	961	933	769
1971	1 002	812	871	742	659
1981	983	749	834	665	489
1991	972	723	816	656	438
2001	967	709	855	632	402
2011	965	714	856	673	392
2021	962	729	847	682	407
2031	955	724	854	672	417

Source : voir le tableau A3.1.

Tableau A5.1
Pensionnaires et membres du personnel dans les logements collectifs selon le sexe, tous les groupes d'âge et personnes âgées selon le groupe d'âge, Canada, 1991

	Ensemble des personnes	Hommes Ensemble des personnes âgées	65 à 74 ans	75 à 84 ans	85 ans et plus	Ensemble des personnes	Femmes Ensemble des personnes âgées	65 à 74 ans	75 à 84 ans	85 ans et plus
A. Nombres absolus										
Population totale	13 454 600	1 330 400	851 500	392 700	86 300	13 842 300	1 839 500	1 043 600	598 900	197 000
Population dans les logements collectifs										
Tous les logements collectifs										
Total	195 900	76 000	22 000	30 900	23 100	251 000	182 300	29 900	72 100	80 300
Pensionnaires	116 100	66 100	16 400	27 600	22 000	186 100	160 000	21 400	62 500	76 200
Membres du personnel	79 800	9 900	5 500	3 300	1 000	64 900	22 300	8 600	9 600	4 100
Établissements de soins spéciaux										
Total	68 000	56 900	12 500	24 200	20 300	159 100	149 000	18 500	58 300	72 200
Pensionnaires	67 100	56 300	12 300	23 900	20 100	157 000	147 400	18 200	57 600	71 600
Membres du personnel	1 000	600	200	300	200	2 100	1 600	300	700	600
Hôpitaux et établissements similaires (autres que les établissements de soins spéciaux)										
Total	30 800	9 700	4 000	3 700	1 900	27 300	13 000	3 200	5 000	4 800
Pensionnaires	29 900	9 500	4 000	3 700	1 900	26 200	12 600	3 100	4 800	4 600
Membres du personnel	900	100	100	100	**	1 100	500	100	200	200
Établissements religieux										
Total	6 300	3 100	1 500	1 400	300	22 600	15 500	6 100	6 900	2 400
Tous les autres logements collectifs										
Total	90 800	6 200	4 000	1 700	600	41 900	4 900	2 100	1 900	900
Pensionnaires	19 100	200	100	100	**	2 900	100	**	100	**
Membres du personnel	71 700	6 000	3 800	1 600	500	39 000	4 800	2 100	1 800	900
B. Pourcentage : population totale = 100 %										
Pensionnaires dans :										
Tous les logements collectifs	0,9 %	5,0 %	1,9 %	7,0 %	25,5 %	1,3 %	8,7 %	2,0 %	10,4 %	38,7 %
Établissements de soins spéciaux	0,5 %	4,2 %	1,4 %	6,1 %	23,3 %	1,1 %	8,0 %	1,7 %	9,6 %	36,3 %
Hôpitaux et établissements similaires (autres que les établissements de soins spéciaux)	0,2 %	0,7 %	0,5 %	0,9 %	2,2 %	0,2 %	0,7 %	0,3 %	0,8 %	2,4 %

Statistique Canada – n° 96-312 F au catalogue
Profil des personnes âgées au Canada

Tableau A5.1
Pensionnaires et membres du personnel dans les logements collectifs selon le sexe, tous les groupes d'âge et personnes âgées selon le groupe d'âge, Canada, 1991 (fin)

	Hommes				Femmes			
	Ensemble des personnes	Ensemble des personnes âgées	65 à 74 ans	75 à 84 ans	85 ans et plus	Ensemble des personnes	Ensemble des personnes âgées	65 à 74 ans	75 à 84 ans	85 ans et plus

C. Pourcentage : population dans les logements collectifs = 100 %

Tous les logements collectifs
Total	100,0 %	100,0 %	100,0 %	100,0 %	100,0 %	100,0 %	100,0 %	100,0 %	100,0 %	100,0 %
Pensionnaires	59,3 %	87,0 %	74,8 %	89,3 %	95,5 %	74,2 %	87,8 %	71,4 %	86,7 %	94,9 %
Membres du personnel	40,7 %	13,0 %	25,2 %	10,7 %	4,4 %	25,9 %	12,2 %	28,6 %	13,3 %	5,1 %

Établissements de soins spéciaux
Total	34,7 %	75,0 %	56,8 %	78,1 %	88,1 %	63,4 %	81,7 %	61,9 %	80,9 %	89,8 %
Pensionnaires	34,2 %	74,2 %	56,1 %	77,2 %	87,3 %	62,5 %	80,8 %	60,9 %	79,9 %	89,1 %
Membres du personnel	0,5 %	0,8 %	0,7 %	0,9 %	0,8 %	0,8 %	0,9 %	1,0 %	1,0 %	0,8 %

Hôpitaux et établissements similaires (autres que les établissements de soins spéciaux)
Total	15,7 %	12,7 %	18,3 %	12,0 %	8,3 %	10,9 %	7,1 %	10,7 %	6,9 %	6,0 %
Pensionnaires	15,3 %	12,5 %	18,0 %	11,9 %	8,2 %	10,5 %	6,9 %	10,4 %	6,7 %	5,8 %
Membres du personnel	0,4 %	0,2 %	0,3 %	0,2 %	0,1 %	0,4 %	0,2 %	0,3 %	0,3 %	0,2 %

Établissements religieux
| Total | 3,2 % | 4,1 % | 6,9 % | 4,4 % | 1,2 % | 9,0 % | 8,5 % | 20,4 % | 9,6 % | 3,0 % |

Tous les autres logements collectifs
Total	46,3 %	8,2 %	18,0 %	5,5 %	2,4 %	16,7 %	2,7 %	7,0 %	2,6 %	1,1 %
Pensionnaires	9,8 %	0,3 %	0,7 %	0,2 %	0,0 %	1,1 %	0,1 %	0,1 %	0,1 %	0,0 %
Membres du personnel	36,6 %	7,9 %	17,4 %	5,3 %	2,3 %	15,6 %	2,6 %	6,9 %	2,5 %	1,1 %

Nota : Toutes les personnes dans les établissements religieux sont considérées comme des membres du personnel.
Le signe ** indique qu'il y a moins de 50 cas.

Source : Recensement du Canada de 1991, totalisations spéciales.

Statistique Canada – n° 96-312 F au catalogue
Profil des personnes âgées au Canada

Tableau A5.2
Ménages, personnes de tous les groupes d'âge et personnes âgées selon la taille du ménage, ménages âgés et ménages non âgés, Canada, 1991

Nombre de personnes dans le ménage	Tous les ménages	Ménages âgés	Ménages non âgés
Ménages			
Nombres absolus			
Total	10 018 300	2 169 700	7 848 600
1 ou 2 personnes	5 441 200	1 773 300	3 668 000
3 personnes ou plus	4 577 000	396 400	4 180 600
Pourcentage, par colonne			
Total	100,0 %	100,0 %	100,0 %
1 ou 2 personnes	54,3 %	81,7 %	46,7 %
3 personnes ou plus	45,7 %	18,3 %	53,3 %
Pourcentage, par ligne			
Total	100,0 %	21,7 %	78,3 %
1 ou 2 personnes	100,0 %	32,6 %	67,4 %
3 personnes ou plus	100,0 %	8,7 %	91,3 %
Personnes de tous les groupes d'âge			
Nombres absolus			
Total	26 731 900	4 327 000	22 404 900
1 ou 2 personnes	8 585 400	2 728 400	5 857 000
3 personnes ou plus	18 146 400	1 598 600	16 547 800
Pourcentage, par colonne			
Total	100,0 %	100,0 %	100,0 %
1 ou 2 personnes	32,1 %	63,1 %	26,1 %
3 personnes ou plus	67,9 %	36,9 %	73,9 %
Pourcentage, par ligne			
Total	100,0 %	16,2 %	83,8 %
1 ou 2 personnes	100,0 %	31,8 %	68,2 %
3 personnes ou plus	100,0 %	8,8 %	91,2 %

Statistique Canada – n° 96-312 F au catalogue
Profil des personnes âgées au Canada

Tableau A5.2
Ménages, personnes de tous les groupes d'âge et personnes âgées selon la taille du ménage, ménages âgés et ménages non âgés, Canada, 1991 (fin)

Nombre de personnes dans le ménage	Tous les ménages	Ménages âgés	Ménages non âgés
		Personnes âgées	
Nombres absolus			
Total	2 899 200	2 899 200	s.o.
1 ou 2 personnes	2 356 800	2 356 800	s.o.
3 personnes ou plus	542 400	542 400	s.o.
Pourcentage, par colonne			
Total	100,0 %	100,0 %	s.o.
1 ou 2 personnes	81,3 %	81,3 %	s.o.
3 personnes ou plus	18,7 %	18,7 %	s.o.
		Taille moyenne des ménages	
Personnes/ménage	2,67	1,99	2,85

Nota : Aux fins du présent tableau, on entend par «ménage âgé» un ménage dont au moins un des membres est âgé de 65 ans et plus.

Source : Recensement du Canada de 1991, totalisations spéciales.

Tableau A5.3
Ménages âgés et ménages non âgés selon le genre de ménage, Canada, 1991

	Genre de ménage	Tous les ménages	Ménages âgés	Ménages non âgés
		Nombre absolus		
1	Tous les ménages privés	10 018 300	2 169 700	7 848 600
2	Ménages familiaux	7 235 200	1 241 900	5 993 300
3	Ménages unifamiliaux	7 118 700	1 195 700	5 923 000
4	Tous les couples	6 214 900	1 068 600	5 146 300
5	Couples actuellement marié(e)s	5 501 400	1 038 400	4 463 000
6	Sans fils ou filles jamais marié(e)s	2 069 000	825 000	1 244 000
7	Sans autres personnes	1 937 800	763 300	1 174 500
8	Avec autres personnes	131 200	61 700	69 500
9	Avec fils ou filles jamais marié(e)s	3 432 400	213 500	3 219 000
10	Sans autres personnes	3 166 900	126 700	3 040 200
11	Avec autres personnes	265 600	86 800	178 800
12	Couples vivant en union libre	713 500	30 200	683 400
13	Sans fils ou filles jamais marié(e)s	416 100	24 700	391 400
14	Sans autres personnes	384 500	20 400	364 100
15	Avec autres personnes	31 700	4 300	27 400
16	Avec fils ou filles jamais marié(e)s	297 400	5 500	291 900
17	Sans autres personnes	274 300	1 900	272 400
18	Avec autres personnes	23 100	3 600	19 500
19	Familles monoparentales	903 700	127 100	776 600
20	Sans autres personnes	742 100	92 300	649 800
21	Avec autres personnes	161 600	34 800	126 800
22	Ménages multifamiliaux	116 600	46 200	70 400
23	Ménages non familiaux	2 783 000	927 700	1 855 300
24	Une personne seulement	2 297 100	818 100	1 479 000
25	Deux personnes ou plus	486 000	109 600	376 300
		Pourcentages (pour certains genres de ménages)		
1	Tous les ménages privés	100,0	100,0	100,0
7	Couples actuellement mariés sans fils ou filles jamais marié(e)s et sans autres personnes	19,3	35,2	15,0
9	Couples actuellement marié(e)s avec fils ou filles jamais marié(e)s	34,3	9,8	41,0
19	Familles monoparentales dans les ménages unifamiliaux	9,0	5,9	9,9
24	Ménages comptant un seul membre	22,9	37,7	18,8
25	Deux personnes ou plus dans les ménages non familiaux	4,9	5,1	4,8
	Tous les autres	9,6	6,4	10,5

Nota : Pour connaître la définition de l'expression «ménage âgé», se reporter au tableau A5.2. Les catégories 2 à 6, 9, 12, 13, 16, 19 et 23 correspondent à des totaux partiels.

Source : Recensement du Canada de 1991, totalisations spéciales.

Tableau A5.4
Familles, personnes de tous les groupes d'âge et personnes âgées selon la situation de la personne âgée dans la famille, Canada, 1991

		Nombre	Pourcentage (Base = ligne A)	Pourcentage (Base = ligne B)
Partie I – Nombre de familles de recensement				
A	Toutes les familles	7 356 200	100,0 %	
1	Familles non âgées	6 239 500	84,8 %	
B	Familles âgées	1 116 700	15,2 %	100,0 %
2	Seulement un des conjoints est une personne âgée	342 200	4,7 %	30,6 %
3	Seuls les deux conjoints sont des personnes âgées	659 000	9,0 %	59,0 %
4	Seul le parent seul est une personne âgée	112 700	1,5 %	10,1 %
5	Toutes les autres familles âgées	2 700	0,0 %	0,2 %
Partie II – Nombre de personnes de tous les âges				
A	Toutes les familles	22 558 400	100,0 %	
1	Familles non âgées	20 105 500	89,1 %	
B	Familles âgées	2 452 900	10,9 %	100,0 %
2	Seulement un des conjoints est une personne âgée	801 100	3,6 %	32,7 %
3	Seuls les deux conjoints sont des personnes âgées	1 397 200	6,2 %	57,0 %
4	Seul le parent seul est une personne âgée	248 100	1,1 %	10,1 %
5	Toutes les autres familles âgées	6 600	0,0 %	0,3 %
Partie III – Nombre de personnes âgées				
B	Familles âgées	1 778 700		100,0 %
2	Seulement un des conjoints est une personne âgée	342 200		19,2 %
3	Seuls les deux conjoints sont des personnes âgées	1 318 000		74,1 %
4	Seul le parent seul est une personne âgée	112 700		6,3 %
5	Toutes les autres familles âgées	5 700		0,3 %

Nota : À la ligne 2, le terme «conjoint» désigne un époux, une épouse ou un partenaire en union libre.

À la ligne B, par «familles âgées» on entend les familles comptant au moins une personnes âgée.

À la ligne 5, l'expression «Toutes les autres familles» désigne les familles constituées de diverses combinaisons de membres qui sont des personnes âgées [parent(s) et fils ou fille(s) jamais marié(s)].

Source : Recensement du Canada de 1991, totalisations spéciales.

Tableau A5.5
Familles, personnes de tous les groupes d'âge et personnes âgées selon la taille de la famille, familles âgées et familles non âgées, Canada, 1991

Nombre de personnes dans la famille	Toutes les familles	Familles âgées	Familles non âgées
	Familles		
Nombres absolus			
Total	7 356 200	1 116 700	6 239 500
2 personnes	3 139 700	949 700	2 190 100
3 personnes ou plus	4 216 500	167 000	4 049 400
Pourcentage, par colonne			
Total	100,0 %	100,0 %	100,0 %
2 personnes	42,7 %	85,0 %	35,1 %
3 personnes ou plus	57,3 %	15,0 %	64,9 %
Pourcentage, par ligne			
Total	100,0 %	15,2 %	84,8 %
2 personnes	100,0 %	30,2 %	69,8 %
3 personnes ou plus	100,0 %	4,0 %	96,0 %
	Personnes de tous les âges		
Nombres absolus			
Total	22 558 400	2 452 900	20 105 500
2 personnes	6 279 400	1 899 300	4 380 100
3 personnes ou plus	16 278 900	553 500	15 725 400
Pourcentage, par colonne			
Total	100,0 %	100,0 %	100,0 %
2 personnes	27,8 %	77,4 %	21,8 %
3 personnes ou plus	72,2 %	22,6 %	78,2 %
Pourcentage, par ligne			
Total	100,0 %	10,9 %	89,1 %
2 personnes	100,0 %	30,2 %	69,8 %
3 personnes ou plus	100,0 %	3,4 %	96,6 %
	Personnes âgées		
Nombres absolus			
Total	1 778 700	1 778 700	
2 personnes	1 544 600	1 544 600	
3 personnes ou plus	234 100	234 100	
Pourcentage, par colonne			
Total	100,0 %	100,0 %	
2 personnes	86,8 %	86,8 %	
3 personnes ou plus	13,2 %	13,2 %	
	Taille moyenne des familles		
Personnes/famille	3,07	2,20	3,22

Nota : Par «familles âgées», on entend les familles comptant au moins une personne âgée.
Source : Recensement du Canada de 1991, totalisations spéciales.

Tableau A5.6
Familles, personnes de tous les groupes d'âge et personnes âgées selon la structure de la famille, familles âgées et familles non âgées, Canada, 1991

	Toutes les familles	Familles âgées	Familles non âgées
Familles			
Nombres absolus			
Toutes les familles	7 356 200	1 116 700	6 239 500
Couples actuellement mariés	5 675 500	977 500	4 698 000
Couples en union libre	726 000	23 800	702 100
Familles monoparentales	954 700	115 300	839 400
Pourcentage, par colonne			
Toutes les familles	100,0	100,0	100,0
Couples actuellement mariés	77,2	87,5	75,3
Couples en union libre	9,9	2,1	11,3
Familles monoparentales	13,0	10,3	13,5
Pourcentage, par ligne			
Toutes les familles	100,0	15,2	84,8
Couples actuellement mariés	100,0	17,2	82,8
Couples en union libre	100,0	3,3	96,7
Familles monoparentales	100,0	12,1	87,9
Personnes de tous les âges			
Nombres absolus			
Toutes les familles	22 558 400	2 452 800	20 105 500
Couples actuellement mariés	18 164 300	2 147 800	16 016 500
Couples en union libre	1 947 100	50 800	1 896 300
Familles monoparentales	2 446 900	254 200	2 192 700
Pourcentage, par colonne			
Toutes les familles	100,0	100,0	100,0
Couples actuellement mariés	80,5	87,6	79,7
Couples en union libre	8,6	2,1	9,4
Familles monoparentales	10,8	10,4	10,9
Pourcentage, par ligne			
Toutes les familles	100,0	10,9	89,1
Couples actuellement mariés	100,0	11,8	88,2
Couples en union libre	100,0	2,6	97,4
Familles monoparentales	100,0	10,4	89,6
Personnes âgées			
Nombres absolus			
Toutes les familles	1 778 700	1 778 700	
Couples actuellement mariés	1 627 700	1 627 700	
Couples en union libre	32 900	32 900	
Familles monoparentales	118 100	118 100	
Pourcentage, par colonne			
Toutes les familles	100,0	100,0	
Couples actuellement mariés	91,5	91,5	
Couples en union libre	1,8	1,8	
Familles monoparentales	6,6	6,6	
Taille moyenne des familles			
Toutes les familles	3,07	2,20	3,22
Couples actuellement mariés	3,20	2,20	3,41
Couples en union libre	2,68	2,13	2,70
Familles monoparentales	2,56	2,20	2,61

Nota : Par «familles âgées», on entend les familles comptant au moins une personne âgée.
Source : Recensement du Canada de 1991, totalisations spéciales.

Tableau A6.1
Taux d'activité selon le sexe et l'âge, personnes de 15 ans et plus et personnes de 45 ans et plus, Canada, 1991

Âge	Hommes Population	Hommes Population active	Hommes Taux d'activité	Femmes Population	Femmes Population active	Femmes Taux d'activité
Tous les groupes d'âge (15 ans et plus)	10 422 100	7 957 800	76,4 %	10 882 600	6 517 100	59,9 %
45 à 49 ans	820 600	764 200	93,1 %	816 900	623 100	76,3 %
45	178 300	166 700	93,5 %	175 900	137 200	78,0 %
46	167 600	156 700	93,5 %	167 900	129 900	77,4 %
47	164 500	153 400	93,3 %	164 400	126 700	77,0 %
48	161 300	150 100	93,1 %	158 700	119 500	75,3 %
49	148 900	137 200	92,2 %	150 100	109 900	73,2 %
50 à 54 ans	663 100	593 700	89,5 %	659 800	438 400	66,4 %
50	144 700	132 300	91,4 %	143 100	101 900	71,2 %
51	136 700	123 700	90,5 %	135 100	92 800	68,7 %
52	133 000	119 500	89,8 %	131 400	87 700	66,7 %
53	127 100	112 600	88,6 %	126 900	81 000	63,8 %
54	121 700	105 600	86,8 %	123 300	75 000	60,8 %
55 à 59 ans	601 300	470 600	78,3 %	616 300	307 800	49,9 %
55	122 700	103 600	84,4 %	126 900	72 100	56,8 %
56	120 600	98 600	81,8 %	122 000	65 800	53,9 %
57	117 000	91 900	78,6 %	120 200	60 300	50,1 %
58	119 700	89 900	75,1 %	124 000	57 600	46,5 %
59	121 300	86 500	71,3 %	123 200	51 900	42,1 %
60 à 64 ans	568 200	307 200	54,1 %	599 500	168 700	28,1 %
60	120 900	78 100	64,6 %	124 300	46 000	37,0 %
61	117 200	68 800	58,7 %	121 400	39 000	32,1 %
62	112 500	60 600	53,9 %	118 100	32 300	27,3 %
63	111 200	54 900	49,4 %	119 600	28 200	23,6 %
64	106 400	44 800	42,1 %	116 100	23 300	20,1 %
Toutes le personnes âgées	1 259 800	181 500	14,4 %	1 672 500	94 400	5,6 %
65 à 69 ans	485 000	106 000	21,9 %	572 000	55 100	9,6 %
65	104 400	31 200	29,8 %	117 500	16 400	13,9 %
66	101 100	23 600	23,4 %	117 200	12 300	10,5 %
67	96 800	20 000	20,7 %	114 900	10 400	9,1 %
68	92 700	16 600	17,9 %	111 500	8 500	7,6 %
69	90 000	14 600	16,3 %	110 900	7 400	6,7 %
70 à 74 ans	350 400	44 100	12,6 %	445 500	21 300	4,8 %
70	84 600	12 600	14,9 %	105 200	6 000	5,7 %
71	78 900	10 400	13,2 %	98 000	5 200	5,3 %
72	65 600	7 600	11,5 %	85 500	3 900	4,6 %
73	62 300	7 200	11,5 %	80 400	3 200	4,0 %
74	59 100	6 300	10,6 %	76 400	2 900	3,9 %
75 à 84 ans	361 700	26 800	7,4 %	535 000	14 600	2,7 %
85 ans et plus	62 700	4 600	7,3 %	120 000	3 500	2,9 %

Statistique Canada – n° 96-312 F au catalogue
Profil des personnes âgées au Canada

Tableau A6.2
Travail en 1990 selon le sexe et l'âge, personnes de 15 ans et plus et personnes de 45 ans et plus, Canada, données du recensement de 1991

Âge	Population (1)	Total des personnes ayant travaillé en 1990 (plein temps + temps partiel) (2)	Personnes ayant travaillé surtout à plein temps (3)	Personnes ayant travaillé, en pourcentage de la population (2)/(1) (4)	Personnes ayant travaillé à plein temps, en pourcentage du total des personnes ayant travaillé (3)/(2) (5)	Nombre moyen de semaines travaillées (6)
			Male			
Tous les groupes d'âge (15 ans et plus)	**10 422 100**	**8 138 000**	**7 157 200**	**78,1 %**	**87,9 %**	**42,7**
45 à 49 ans	820 600	763 100	733 600	93,0 %	96,1 %	46,7
50 à 54 ans	663 100	597 100	570 300	90,1 %	95,5 %	46,4
55 à 59 ans	601 300	489 000	455 400	81,3 %	93,1 %	45,1
60 à 64 ans	568 200	345 000	303 600	60,7 %	88,0 %	42,8
60	120 900	86 100	77 500	71,2 %	90,1 %	43,7
61	117 200	76 900	68 700	65,6 %	89,3 %	42,8
62	112 500	67 800	59 400	60,3 %	87,6 %	42,8
63	111 200	61 400	53 100	55,2 %	86,5 %	42,4
64	106 400	52 900	45 000	49,7 %	85,1 %	41,8
Toutes les personnes âgées	**1 259 800**	**227 100**	**154 700**	**18,0 %**	**68,1 %**	**39,2**
65 à 69 ans	485 000	137 900	101 100	28,4 %	73,3 %	39,2
65	104 400	44 600	36 600	42,7 %	81,9 %	40,3
66	101 100	31 600	23 700	31,3 %	75,0 %	37,3
67	96 800	24 400	16 600	25,2 %	68,0 %	39,6
68	92 700	20 100	13 000	21,6 %	64,8 %	39,2
69	90 000	17 200	11 200	19,2 %	65,1 %	39,4
70 à 74 ans	350 400	52 800	32 200	15,1 %	60,9 %	39,0
75 ans et plus	424 400	36 300	21 500	8,6 %	59,1 %	41,7

Tableau A6.2
Travail en 1990 selon le sexe et l'âge, personnes de 15 ans et plus et personnes de 45 ans et plus, Canada, données du recensement de 1991 (fin)

Âge	Population (1)	Total des personnes ayant travaillé en 1990 (plein temps + temps partiel) (2)	Personnes ayant travaillé surtout à plein temps (3)	Personnes ayant travaillé, en pourcentage de la population (2)/(1) (4)	Personnes ayant travaillé à plein temps, en pourcentage du total des personnes ayant travaillé (3)/(2) (5)	Nombre moyen de semaines travaillées (6)
			Femmes			
Tous les groupes d'âge (15 ans et plus)	10 882 600	6 796 300	4 787 600	62,5 %	70,4 %	40,8
45 à 49 ans	816 900	635 300	484 100	77,8 %	76,2 %	44,6
50 à 54 ans	659 800	454 200	337 000	68,8 %	74,2 %	44,2
55 à 59 ans	616 300	332 100	232 200	53,9 %	69,9 %	43,2
60 à 64 ans	599 500	198 400	130 800	33,1 %	65,9 %	41,8
60	124 300	53 200	35 700	42,8 %	67,2 %	42,5
61	121 400	45 300	30 400	37,3 %	67,0 %	41,8
62	118 100	37 800	24 900	32,0 %	66,0 %	41,7
63	119 600	33 300	21 400	27,8 %	64,4 %	41,5
64	116 100	28 800	18 400	24,8 %	63,8 %	41,1
Toutes les personnes âgées	1 672 500	121 900	63 300	7,3 %	52,0 %	38,6
65 à 69 ans	572 000	75 500	40 700	13,2 %	53,9 %	38,6
65	117 500	24 600	15 100	20,9 %	61,4 %	39,9
66	117 200	17 600	9 400	15,0 %	53,6 %	36,9
67	114 900	13 200	6 700	11,5 %	51,0 %	39,0
68	111 500	10 800	5 100	9,7 %	46,9 %	38,6
69	110 900	9 400	4 400	8,5 %	47,1 %	38,0
70 à 74 ans	445 500	25 900	12 000	5,8 %	46,2 %	38,5
75 ans et plus	654 900	20 400	10 600	3,1 %	52,1 %	40,1

Nota : Le dénominateur utilisé pour le calcul du nombre moyen de semaines travaillées (col. 6) inclut seulement les personnes ayant travaillé en 1990 (col. 2).

Source : Recensement du Canada de 1991, totalisations spéciales.

Tableau A6.3
Population et revenu moyen selon le sexe, l'activité et le niveau de scolarité, personnes âgées et personnes de 25 à 64 ans, Canada, recensement de 1991

Sexe	Activité	Niveau de scolarité	Groupe d'âge	Revenu moyen	Population Nombre	Population Pourcentage
(1)	(2)	(3)	(4)	(5)	(6)	(7)
Hommes	Ayant travaillé	B	25 à 64 ans	27 600 $	597 400	8,44 %
			65 ans et plus	27 600 $	63 200	5,05 %
		M	25 à 64 ans	32 200 $	2 067 800	29,21 %
			65 ans et plus	38 900 $	67 800	5,42 %
		É	25 à 64 ans	41 800 $	3 790 900	53,56 %
			65 ans et plus	53 300 $	95 500	7,63 %
	N'ayant pas travaillé	B	25 à 64 ans	12 200 $	198 400	2,80 %
			65 ans et plus	15 600 $	435 600	34,79 %
		M	25 à 64 ans	15 500 $	211 500	2,99 %
			65 ans et plus	21 300 $	313 500	25,04 %
		É	25 à 64 ans	19 000 $	212 200	3,00 %
			65 ans et plus	28 000 $	276 600	22,09 %
Femmes	Ayant travaillé	B	25 à 64 ans	15 000 $	343 800	5,36 %
			65 ans et plus	17 900 $	27 100	1,63 %
		M	25 à 64 ans	18 600 $	1 887 200	29,42 %
			65 ans et plus	24 400 $	47 500	2,86 %
		É	25 à 64 ans	25 500 $	3 105 800	48,42 %
			65 ans et plus	29 300 $	46 800	2,82 %
	N'ayant pas travaillé	B	25 à 64 ans	7 900 $	277 800	4,33 %
			65 ans et plus	11 500 $	622 000	37,55 %
		M	25 à 64 ans	9 200 $	441 900	6,89 %
			65 ans et plus	14 400 $	584 200	35,27 %
		É	25 à 64 ans	11 500 $	357 900	5,58 %
			65 ans et plus	20 200 $	328 900	19,85 %

Nota : Col. 2 – Il s'agit de l'activité en 1990, selon les données du recensement de 1991.

Col. 3 – Il s'agit du «plus haut niveau de scolarité atteint». Les trois catégories présentées sont : B = Niveau inférieur aux études secondaires; M = études secondaires; É = études postsecondaires.

Col. 7 – Les pourcentages sont calculés, pour chaque sexe, pour 100 personnes de 25 à 64 ans ou pour 100 personnes âgées, selon la ligne en question. Ils sont établis à partir de nombres absolus non arrondis.

Les revenus normalisés des personnes âgées selon le sexe, qui sont indiqués à la section 6.3, peuvent être calculés à partir du revenu moyen et de la répartition en pourcentage présentés aux colonnes 5 et 7 respectivement.

Source : Recensement du Canada de 1991, totalisation spéciale.

Tableau A8.1
Principales causes de décès selon le sexe, population totale et personnes âgées, par groupe d'âge, Canada, 1989

	Tous les groupes d'âge	65 ans et plus	65 à 69 ans	70 à 74 ans	75 à 79 ans	80 à 84 ans	85 ans et plus	Personnes âgées/total
A. Décès – nombres absolus								
Hommes								
Maladies de l'appareil circulatoire	40 659	31 542	5 146	6 201	6 978	6 226	6 991	0,78
– Cardiopathie ischémique	25 895	19 380	3 533	4 155	4 356	3 654	3 682	0,75
– Attaque d'apoplexie	6 122	5 224	596	795	1 171	1 174	1 488	0,85
Cancer	28 345	19 055	4 575	4 576	4 354	3 144	2 406	0,67
Maladies de l'appareil respiratoire	9 243	8 120	903	1 275	1 805	1 780	2 357	0,88
Toutes les autres causes	25 900	11 500	2 000	2 100	2 400	2 300	2 800	0,45
Ensemble des causes	104 104	70 261	12 596	14 130	15 508	13 473	14 554	0,67
Femmes								
Maladies de l'appareil circulatoire	37 004	33 599	2 591	3 807	5 863	7 147	14 191	0,91
– Cardiopathie ischémique	19 601	17 841	1 579	2 290	3 312	3 811	6 849	0,91
– Attaque d'apoplexie	8 261	7 511	430	718	1 214	1 722	3 427	0,91
Cancer	22 955	15 226	3 238	3 266	3 236	2 685	2 801	0,66
Maladies de l'appareil respiratoire	6 914	6 135	453	726	1 027	1 183	2 746	0,89
Toutes les autres causes	20 000	13 600	1 300	1 700	2 400	2 800	5 500	0,68
Ensemble des causes	86 852	68 545	7 579	9 462	12 476	13 803	25 225	0,79
B. Décès – pourcentage par cause de décès pour 100 décès								
Hommes								
Maladies de l'appareil circulatoire	39,1	44,9	40,9	43,9	45,0	46,2	48,0	
– Cardiopathie ischémique	24,9	27,6	28,0	29,4	28,1	27,1	25,3	
– Attaque d'apoplexie	5,9	7,4	4,7	5,6	7,6	8,7	10,2	
Cancer	27,2	27,1	36,3	32,4	28,1	23,3	16,5	
Maladies de l'appareil respiratoire	8,9	11,6	7,2	9,0	11,6	13,2	16,2	
Toutes les autres causes	24,8	16,4	15,7	14,7	15,3	17,2	19,2	
Ensemble des causes	100,0	100,0	100,0	100,0	100,0	100,0	100,0	
Femmes								
Maladies de l'appareil circulatoire	42,6	49,0	34,2	40,2	47,0	51,8	56,3	
– Cardiopathie ischémique	22,6	26,0	20,8	24,2	26,5	27,6	27,2	
– Attaque d'apoplexie	9,5	11,0	5,7	7,6	9,7	12,5	13,6	
Cancer	26,4	22,2	42,7	34,5	25,9	19,5	11,1	
Maladies de l'appareil respiratoire	8,0	9,0	6,0	7,7	8,2	8,6	10,9	
Toutes les autres causes	23,0	19,8	17,1	17,6	18,8	20,2	21,8	
Ensemble des causes	100,0	100,0	100,0	100,0	100,0	100,0	100,0	

Tableau A8.1
Principales causes de décès selon le sexe, population totale et personnes âgées, par groupe d'âge, Canada, 1989 (fin)

	Groupe d'âge							Personnes âgées/total
	Tous les groupes d'âge	65 ans et plus	65 à 69 ans	70 à 74 ans	75 à 79 ans	80 à 84 ans	85 ans et plus	

C. Taux de mortalité selon l'âge et la cause (pour 100,000 habitants)

Hommes
Maladies de l'appareil circulatoire	314,5	2 546,0	1 100,7	1 879,1	2 961,8	4 852,7	9 020,6	8,10
– Cardiopathie ischémique	200,3	1 564,3	755,7	1 259,1	1 848,9	2 848,0	4 751,0	7,81
– Attaque d'apoplexie	47,4	421,7	127,5	240,9	497,0	915,0	1 920,0	8,91
Cancer	219,2	1 538,1	978,6	1 386,7	1 848,0	2 450,5	3 104,5	7,02
Maladies de l'appareil respiratoire	71,5	655,4	193,2	386,4	766,1	1 387,4	3 041,3	9,17
Toutes les autres causes	200,0	931,7	421,8	629,7	1 005,9	1 810,6	3 612,9	4,66
Ensemble des causes	805,2	5 671,2	2 694,3	4 281,8	6 582,3	10 501,2	18 779,4	7,04

Femmes
Maladies de l'appareil circulatoire	278,4	1 948,1	463,5	887,2	1 731,0	3 260,5	7 941,2	7,00
– Cardiopathie ischémique	147,4	1 034,4	282,5	533,7	977,9	1 738,6	3 832,7	7,02
– Attaque d'apoplexie	62,1	435,5	76,9	167,3	358,4	785,6	1 917,7	7,01
Cancer	172,7	882,8	579,2	761,1	955,4	1 224,9	1 567,4	5,11
Maladies de l'appareil respiratoire	52,0	355,7	81,0	169,2	303,2	539,7	1 536,7	6,84
Toutes les autres causes	150,3	787,7	232,0	387,6	693,8	1 271,9	3 070,5	5,24
Ensemble des causes	653,3	3 974,5	1 355,8	2 205,1	3 683,5	6 297,0	14 115,8	6,08

D. Estimations de la population, en milliers

Hommes	12 929,2	1 238,9	467,5	330,0	235,6	128,3	77,5	10 %
Femmes	13 294,0	1 724,7	559,0	429,1	338,7	219,2	178,7	13 %

Source : Statistique Canada, *Les principales causes de décès à différents âges – 1989*, CCIS, 1990.

Tableau A8.2
Jours d'hospitalisation selon le sexe, population totale et personnes âgées, par groupe d'âge, certaines causes, Canada, 1989 à 1990

	Groupe d'âge				
Cause de l'hospitalisation et sexe	Tous les groupes d'âge	65 ans et plus	65 à 74 ans	75 ans et plus	Personnes âgées/total, pourcentage

A. Jours d'hospitalisation – nombres absolus

Hommes
Maladies de l'appareil circulatoire	3 766 670	2 632 500	1 123 870	1 508 630	70 %
Cancer	1 719 990	1 069 100	543 140	525 950	62 %
Maladies de l'appareil respiratoire	1 594 740	927 520	340 740	586 790	58 %
Troubles mentaux	1 975 610	807 850	288 490	519 360	41 %
Maladies du système nerveux	1 443 190	794 190	323 760	470 430	55 %
Toutes les autres causes	7 164 730	3 155 550	1 328 650	1 826 900	44 %
Ensemble des causes	17 664 920	9 386 710	3 948 650	5 438 060	53 %

Femmes
Maladies de l'appareil circulatoire	4 225 050	3 591 920	930 350	2 661 570	85 %
Cancer	1 838 850	1 011 160	460 620	550 540	55 %
Maladies de l'appareil respiratoire	1 413 910	868 440	257 630	610 810	61 %
Troubles mentaux	2 908 700	1 587 500	385 140	1 202 360	55 %
Maladies du système nerveux	1 839 980	1 129 700	370 920	758 790	61 %
Toutes les autres causes	11 490 430	5 266 950	1 553 470	3 713 480	46 %
Ensemble des causes	23 716 900	13 455 680	3 958 130	9 497 550	57 %

B. Jours d'hospitalisation – pourcentages par cause, pour 100 jours pour toutes les causes

Hommes
Maladies de l'appareil circulatoire	21,3 %	28,0 %	28,5 %	27,7 %	
Cancer	9,7 %	11,4 %	13,8 %	9,7 %	
Maladies de l'appareil respiratoire	9,0 %	9,9 %	8,6 %	10,8 %	
Troubles mentaux	11,2 %	8,6 %	7,3 %	9,6 %	
Maladies du système nerveux	8,2 %	8,5 %	8,2 %	8,7 %	
Toutes les autres causes	40,6 %	33,6 %	33,6 %	33,6 %	
Ensemble des causes	100,0 %	100,0 %	100,0 %	100,0 %	

Femmes
Maladies de l'appareil circulatoire	17,8 %	26,7 %	23,5 %	28,0 %	
Cancer	7,8 %	7,5 %	11,6 %	5,8 %	
Maladies respiratoires	6,0 %	6,5 %	6,5 %	6,4 %	
Troubles mentaux	12,3 %	11,8 %	9,7 %	12,7 %	
Maladies du système nerveux	7,8 %	8,4 %	9,4 %	8,0 %	
Toutes les autres causes	48,4 %	39,1 %	39,2 %	39,1 %	
Ensemble des causes	100,0 %	100,0 %	100,0 %	100,0 %	

Tableau A8.2
Jours d'hospitalisation selon le sexe, population totale et personnes âgées, par groupe d'âge, certaines causes, Canada, 1989 à 1990 (fin)

Cause de l'hospitalisation et sexe	Tous les groupes d'âge	65 ans et plus	65 à 74 ans	75 ans et plus	Personnes âgées/total, pourcentage
C. Jours d'hospitalisation par personne					
Hommes					
Maladies de l'appareil circulatoire	0,29	2,10	1,40	3,37	724 %
Cancer	0,13	0,85	0,68	1,17	644 %
Maladies de l'appareil respiratoire	0,12	0,74	0,42	1,31	602 %
Troubles mentaux	0,15	0,65	0,36	1,16	423 %
Maladies du système nerveux	0,11	0,63	0,40	1,05	570 %
Toutes les autres causes	0,55	2,52	1,66	4,08	456 %
Ensemble des causes	1,36	7,51	4,92	12,13	552 %
Femmes					
Maladies de l'appareil circulatoire	0,32	2,06	0,94	3,56	650 %
Cancer	0,14	0,58	0,46	0,74	421 %
Maladies de l'appareil respiratoire	0,11	0,50	0,26	0,82	470 %
Troubles mentaux	0,22	0,91	0,39	1,61	417 %
Maladies du système nerveux	0,14	0,65	0,37	1,01	470 %
Toutes les autres causes	0,86	3,02	1,56	4,97	351 %
Ensemble des causes	1,78	7,72	3,98	12,70	434 %
D. Estimations de la population, en milliers					
Hommes	12 952,3	1 250,7	802,5	448,2	10 %
Femmes	13 323,8	1 742,0	994,1	747,9	13 %

Nota : Les données sur la morbidité ont trait à l'exercice 1989-1990; les chiffres de population (utilisés comme dénominateurs pour calculer les chiffres de la section C) sont des estimations établies au 1er octobre 1989.

Dans ce tableau, la catégorie «cancer» comprend les «tumeurs malignes» ainsi que les «tumeurs bénignes et autres»; dans le tableau 8.1 sur la mortalité, seules les «tumeurs malignes» étaient incluses.

Source : Statistique Canada, CCIS, ***Morbidité hospitalière***, Rapports sur la santé, vol. 4, n° 1, suppl. n° 1, 1989-1990, Ottawa, ISTC, 1992, n° 82-003S1 au catalogue.